乾偉藏書

民國八十一年八月廿八日

澎湖的民間信仰

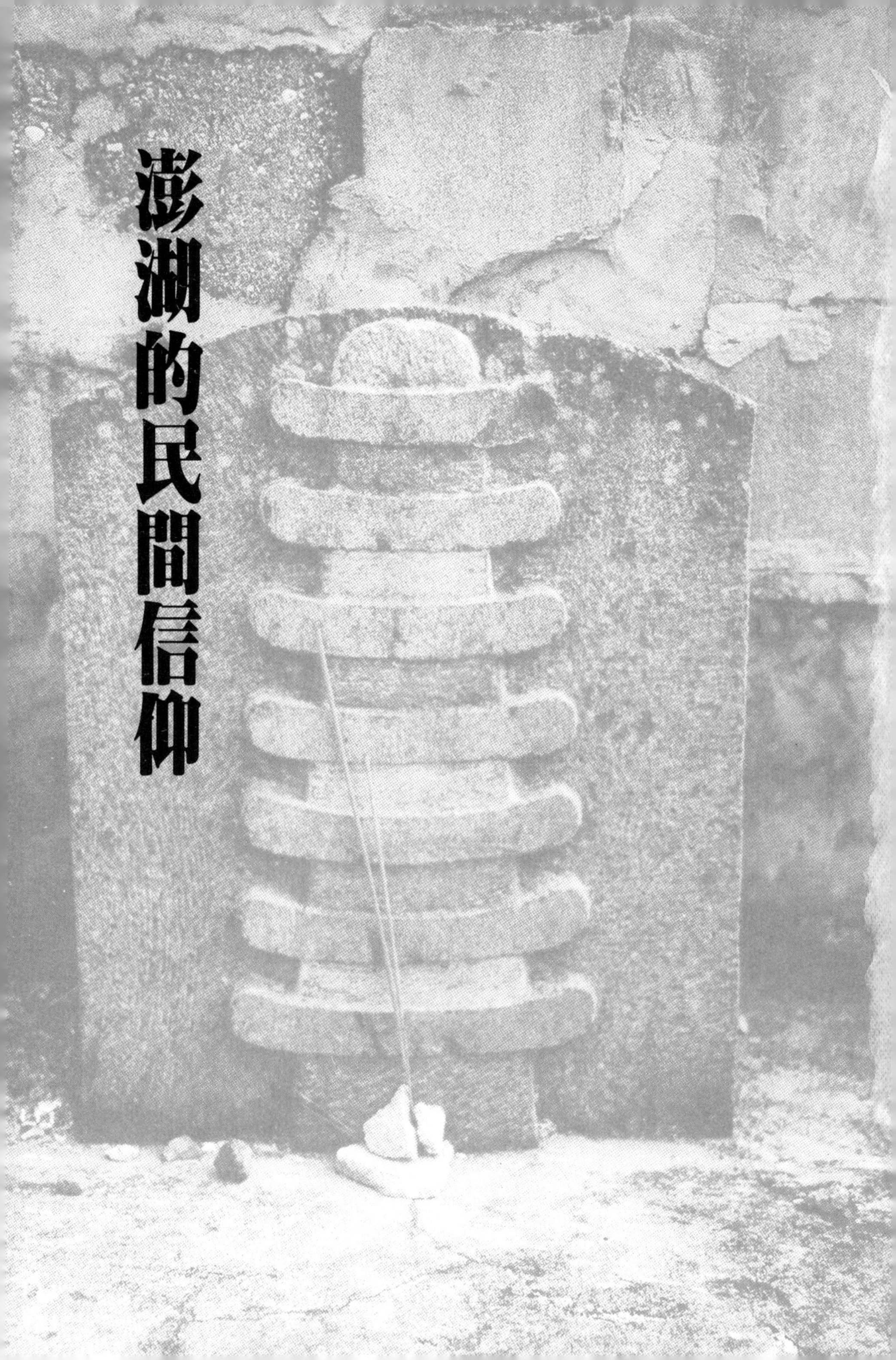

讓傳統文化立足世界舞台

——《協和台灣叢刊》發行人序

林勤仲

這是一種相當難得且奇特的經驗，四十歲之前，許多人常會問我的，總是一些生理與醫療方面的問題；四十歲之後，我最常思考的卻是文化方面的問題。

如此南轅北轍的改變，最主要的原因，應該是來自我的經驗法則：跟每一位成長在戰後的一代相仿，自童年長至青年，無論是家庭、學校或者是整個社會給我的壓力，只是讀書、考試，考試、讀書；而我一直也沒讓人失望，唸完醫學院後，順利負笈英國，接着又在日本拿到博士學位，先後在美國及台灣擔任過許多人欽羨的婦產科醫生，也正因此，讓我有太多機會在世界各地認識不同的友人。然而，這樣的機會卻總讓我感到自卑，這自卑並非來自專業知識，而是每每交換及不同的文化經驗時，少數識得台灣的友人，也僅知道這個海島擁有七百億的外滙存底而已。

這個殘酷的事實，逼着我不得不慎重的思考：什麼樣的文化，才足以代表台灣？

●

一九八三年間，我結束了在美的醫療工作，

回台全力投注於協和婦女醫院的經管，由於業務的需要，常有機會到日本去，有一次在橫濱的一家古董店裡，發現了十幾尊傳統布袋戲偶，讓我突然勾起兒時在台南勝利戲院，坐在長排椅的椅背上看內台布袋戲的情景；不久後，在大阪天理大學附設的博物館，看到那尊清乾隆年間的戲神田都元帥以及古色古香的「六角棚」戲台，還有那些皮影、傀儡、木彫、銀器、刺繡與原住民族的工藝品，讓我產生極大的感動，忍不住當場流下眼淚。

我的感動來自於那些代表先民智慧與工藝水平的器物之美；忍不住掉下的眼淚，則是因爲這些製作精巧，具有歷史意義又代表傳統文化精華的東西，在這外邦受到最愼重的收藏與保護，但在當時的台灣，除了某些唯利是圖的古董商外，根本乏人理會！

除了感動，同時也讓我感受到日本文化侵略的危機，這種危機感也許可溯自大學三年級的暑假，我參加基督教醫療協會，到信義、仁愛、望洋等山地部落，從事公共衛生的醫療服務時，便深刻體會到日治時期對台灣山地的積極教育，讓日本文化、語言以及民族性都紮下不錯的根基，其深厚的程度甚至令人驚駭，只是當時的情況，個人並無力改變什麼。及至一九八〇年前後，我結束學業，回到台灣後，第一件事便是找到彰化教育學院的郭惠二教授，試圖回到山地，經管一個模範村的計劃，結果模範村計劃因故流產，而那次再回山地，讓我不敢置信的是，由於電視進入山區，使得原住民族的文化幾近完全流失，少數保存下來的，卻是日治時期的文化遺產。

這是多麼可怕的文化侵略啊！難道連日本人走了，都還能予取予求地用區區的金錢，換取我們最珍貴的傳統文化？

如此揉合着感動、迷惑又驚駭的心情，讓我在東京坐立難安，隔天，便毫不考慮地到橫濱那家古董店買回店中所有的布袋戲偶，同時又透過種種關係，買回「哈哈笑」劇團最早那個被台灣古董商騙賣到日本的戲棚。

那絕不只是一時的衝動而已，我很清楚地告訴自己，只要在我的能力範圍之內，將盡可能地尋回這些流落在外的文化財產；這些年來，雖沒有明確的收藏計劃，但只要是有價值的東西，我都不肯放棄，至今，也才稍可談得上規模。

●

嚴格說來，我是個典型受西式教育的人，加上長年在國外的關係，讓我對藝術或者文化，都懷有較深且闊的世界觀。

最早我在英國唸書的時候，便跑遍了歐洲重要的美術館，後來每次出國，只要有機會，決不會錯過任何一個可觀賞的現代藝術館。

除了參觀與欣賞，我也嚐試着收藏一些美術的東西，收藏的目的，除因個人的喜好，當然也因爲美好的藝術品也是不分國界的！

也許有人會認爲，在這傳統與現代之間，必然有無法調和的衝突之處，我又如何面對呢？其實，我從不認爲這兩者之間會有相互矛盾或衝突之處，任何一種藝術品都有其共通之美，而其中蘊含的不同文化特色，正足代表那個民族的特殊之處，傳統的彩繪與現代美術作品，正是兩類截然不同的作品，正因其不同，我們才能在彩繪中，體認先民的精神與生活狀態，它的價值，除了美之外，更在於它所蘊含的特殊文化表徵。

當然，時代的快速進步之下，傳統的美術、工藝與文化，面臨了難以持續的大難題，導致這個問題的因素頗多，例如政府政策的不當教育的偏頗以及社會的畸型發展，讓戰後的台灣人擁有最好的知識教育，卻完全缺乏生活教育，終造成今天這個以金錢論成敗，從不考慮精神生活的社會型態。

過去，也有許多的專家學者，對這個病態的社會提出不少頗有見地的意見，但我一直認爲，任何一個正常的社會，必要擁有正常的文化。台灣光復以來，政府當局全力追求經濟建設的成長，卻不顧文化水平一直在原地踏步，直到近幾年，有關單位似乎也較積極地從事文化建設；只是，當中共的廣東省政府，花了兩億美元整修一座五落大厝，成爲一座古色古香的廣東地方博物館時，台灣的左營舊城門才剛剛被毀，半毀的麻豆林家也被拆遷，這樣的文化建設又怎能談得上什麼成績呢？

在這種種難題與僵局之下，要重振傳統文化，重新獲得現代人的肯定，甚至立足在世界的舞台上，就不能光靠政府的政策與態度，而是我們每個人都有責任付出關心與努力，用現代化的方法與現代人的觀點，提昇傳統文化的品質，再締造本土文化的光輝。

●

從開始收藏第一尊布袋戲偶起，彷彿便註定我將走上這條寂寞卻不會後悔的文化之路。

過去那麼多年前，只是默默地收藏一些珍貴的文化財產，我當然知道，光如此是不夠的，但直到今天，時機稍稍成熟，才敢進行下一步的計劃。

這個計劃，大概可分為三個部份，一是成立出版社，二為創立協和藝術文化基金會，三則創設傳統戲曲文物館。

臺原出版社成立的目的有二；一是專業台灣風土叢刊的出版，這是一套持續性的計劃，計劃每年分三季出書，每季同時出版五種台灣風土文化的叢書，類別包括：民俗、戲曲、音樂、歷史、工藝、文物、雜俎、原住民族等大類，每本書都將採最精美的設計與印刷，用最通俗的筆法，喚醒正在迷茫與游離中的朋友，讓更多的朋友重新認識本土文化的可貴與迷人之處。我深信，只要持之以恆，所有努力的成績不僅將獲得關愛本土人士的肯定，更將贏得國際間的重視；二為出版基金會的專刊，協和藝術文化基金會成立之後，將有計劃地整理台灣的傳統藝術之美，諸如戲曲之美、偶戲造型以至於建築、彩繪之美……等等。

至於基金會與博物館的創立，則是我最大的目標，這兩個計劃其實是一體的，博物館只是基金會的附屬單位，主要的功用在於展示基金會所收藏的文物與美術品；至於基金會本身，除了推廣與發展本土文化，定期舉辦各種研習營與表演、演講，更將策劃舉辦各種世界性的文物交流展，目的除了讓國人有機會打開更廣闊的視野外，更重要的是讓本土文化立足在世界的舞台上。

讓本土文化立足在世界的舞台上，不僅是協和藝術文化基金會與出版社努力的目標，更是每個關愛本土文化人士最大的期望，不是嗎？畢竟唯有如此，才能重拾我們失落已久的自尊！

（本文獲選入《一九八九年海峽散文選》）

認識澎湖美麗的風土

——我看《澎湖的民間信仰》

兩千年來，澎湖一直都是台灣海峽中，最燦眼的明珠。漢人還出不了海的時候，它就已經是冒險家的樂園，明代以降，這塊土地更成了台灣歷史的前導，清領之後，漢人紛紛東渡台灣，荒蕪的沙島竟是最好的中繼站，今天，環繞它的海洋成了無數台灣人盛夏消暑的勝地。

上蒼不只獨厚這群島嶼的歷史，更給了他們溫厚的人民與純樸的風俗，且由於地理位置的特殊性，幾百年來，澎湖的民俗風情更帶著濃厚的古典風味，卻也因交通的不便，這些最美、最動人的一面，我們甚少有機會知詳，偶而出現的一、兩篇報導，其中總是蘊藏著太多的驚奇，難得躍上全國性版面的澎湖新聞，對於大多數的人民而言，彷彿來自異邦般遙遠……。

八○年代以降，澎湖已經漸漸成爲台灣人最佳的旅遊去處，每年盛夏前往避暑的人潮，高達數十萬人次，宜人的春、秋季，也有許多觀光客倘佯在那開闊的世界中，即使是風沙飛揚的寒冬，依舊有人前去領會冬的嚴酷。如此一個四時觀光客不斷的地方，呈給旅遊者的，竟只有大自然的浮光掠影，歷史人文面由於乏人研究整理，不要說觀光客們根本無從欣賞，連本島的民俗研究者，都只有驚訝與好奇的份。

八○年代以降，本土文化的研究風氣次第開展起來，台灣本島大多數地方，都有人費心研究整理，澎湖卻同樣受限於地理環境和交通條件，研究者一直踏不上那群島嶼，偶有一、兩人注意到當地的石敢當與風獅爺，便視爲挖掘不完的寶藏，澎湖的文物豐富與民俗淳美，由此可見一斑,只是,誰願意留下來好好整理呢？

這個遺憾終於要在黃有興先生手上結束了。出生於澎湖的黃有興先生，曾經任職過澎湖縣政府，壯年以後轉任台灣省文獻會委員，長期從事民俗文化的田野調查工作，不僅有豐富的學識，更有足夠的經驗，加上鄉土情的呼喚，排除了所有的困難與不便，持續進行了長達十年以上的澎湖民俗田野調查工作，不僅對四時民俗掌握得最爲完整，對澎湖人的個性與精神也有深刻的觀察，加上開達的歷史觀，每一次成果的呈現，莫不令人瞪大眼睛。

一九九一年夏，黃有興先生自台灣省文獻會退休之後，完全沒有準備養老，反而利用生命中最後的二十年，完完整整地做好澎湖群島的風土民俗調查，這個決定，除了緣於對家鄉的愛，他更認爲澎湖美麗的風土民俗，是重要的文化財，更是最豐富，且永遠取用不盡的觀光資源。也因此，他將過去十年來的努力，整理成《澎湖的民間信仰》，呈現給每一位澎湖鄉親，更獻給每一位愛澎湖的人。

臺原出版社有機會出版這本《澎湖的民間信仰》，我感到非常的榮幸。這本書，不僅是第一本翔實完整的澎湖風土報導，有興趣的朋友，可以按照書上的指引，看神廟，探禮典，問風俗，絕對具有通俗而實用的效果；黃有興先生更佔澎湖人之便，更能夠深入當地的社會，挖掘出外人無法探視的民俗現象，小法傳承的規矩，乩童作法的口訣，道士解厄的祕密以至於多數離島的王船祭典。……都是第一次出土的資料，絕對是民俗研究者最重要的參考資料。

算來該是我父執輩的黃有興先生，對這本書的出版相當的重視，不僅文章精心整理過，還親自拿著相機，拍了許許多多的照片，方便大家比對參考，如此一位實事求是，一絲不苟的老先生，精神實令我們感動，也因此，他囑我寫序，身爲晚輩的我實不敢推辭，僅以個人之見寫了這篇文字，顯然無法添增這本書的光采，但至少希望能夠提醒愛澎湖的朋友，除了天和水，澎湖有更豐裕的人文景緻與民俗文化，如果你不想空入寶山，這本書是你最好的尋寶圖。

目錄

澎湖的民間信仰

黃有興／著

1／地理史略卷

壹　澎湖的自然環境

澎湖地質屬於火山群島，大部份係由海底火山噴出之玄武岩熔漿所熔成之台地。

強勁的季節風是澎湖最大的自然現象之一，「風島」早已成爲澎湖的代名詞。每當秋末初冬時節東北風大作，使澎湖冬季經常籠罩在凜冽的季風之下。

一、地理位置

澎湖群島由大小六十四個島嶼組合而成。由於各島星羅棋佈，遠近錯雜，因之通稱為「澎湖群島」。極東為湖西鄉查母嶼(即陰嶼)東端，位於東經一百一十九度四十二分五十四秒；極西為望安鄉花嶼西端，位於東經一百一十九度十八分三秒；極南為七美鄉（大嶼）南端，位於北緯二十三度九分四十秒；極北為白沙鄉目斗嶼北端，位於北緯二十三度四十五分四十一秒，大約是在台灣省嘉義縣與福建省金門縣之間，居台灣海峽東南部，正是我國東海與南海的分界線，東隔澎湖水道與台灣本島相對，其最短距離約二十四浬，馬公至安平約五十四浬，馬公至高雄約七十六浬，馬公至基隆約一百九十五浬。西隔台灣海峽與福建省相對，其最短距離約七十五浬，馬公至金門約九十三浬，馬公至廈門約九十五浬。北上可以連絡馬祖列島、大陳島、舟山群島；南下可經東沙群島、南沙群島至南洋諸國。這種優越的地理位置，使澎湖群島成為亞東航海的要衝，台灣海峽的咽喉，中國沿海的屏障，中國與台灣之間的中途站，地位至為重要。

二、島嶼分佈情形

澎湖群島依其自然形勢，分為兩系。北以澎湖本島為主及其環週島嶼，稱為大山群島。南以望安島為主及其環週島嶼稱為下嶼群島或八罩群島。

澎湖群島島嶼數目，古來志書記載不一，有稱三十六島，有稱四十五島，有稱四十九島，有稱五十島，五十五島者，惟實際勘查，於滿潮時露出海面者共有六十四島。

在澎湖本島以北者（含該島），計有澎湖本島、目斗嶼、過嶼、吉貝嶼、姑婆嶼、鐵砧嶼、險礁、土地公嶼、白沙嶼①、金嶼、屈爪嶼、毛司嶼、北礁、白沙嶼②、毛常嶼、南面掛嶼、鳥嶼、員貝嶼、草嶼①、雞籠嶼①、坪岐嶼、尖嶼、草嶼②、白沙島、白沙礁、大倉嶼、中墩嶼、雁情嶼、小嶼、大央嶼、牛母件嶼等三十一島嶼。

在澎湖本島以東者，計有錠鈎嶼、雞善嶼、

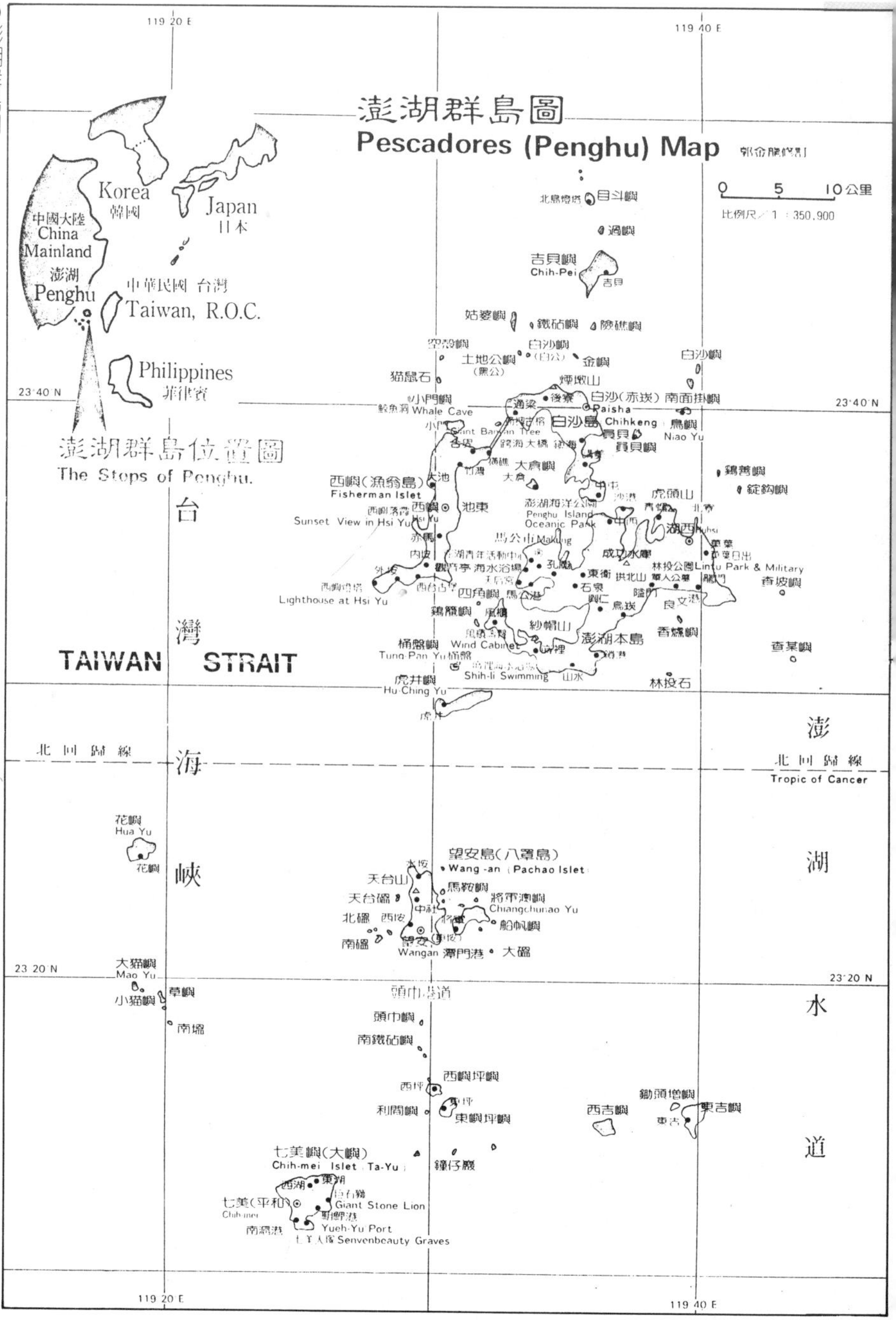
澎湖群島圖
Pescadores (Penghu) Map
0 5 10公里
比例尺 1：350,900
119 20 E
119 40 E
23 40 N
23 20 N
Korea
韓國
Japan
日本
中國大陸
China
Mainland
澎湖
Penghu
中華民國 台灣
Taiwan, R.O.C.
Philippines
菲律賓
澎湖群島位置圖
The Stops of Penghu.
台
灣
海
峽
TAIWAN STRAIT
澎
湖
水
道
北回歸線
Tropic of Cancer
目斗嶼
北島燈塔
過嶼
吉貝嶼
Chih-Pei
吉貝
姑婆嶼
鐵砧嶼
險礁嶼
白沙嶼
金嶼
土地公嶼
猫鼠石
小門嶼
Whale Cave
鯨魚洞
白沙島
Paisha
Chihkeng
鳥嶼
Niao Yu
南面掛嶼
員貝
員貝嶼
通梁
Giant Banyan Tree
跨海大橋
大倉嶼
大倉
西嶼(漁翁島)
Fisherman Islet
Sunset View in Hsi Yu
西嶼
池東
澎湖海洋公園
Penghu Island
Oceanic Park
虎頭山
湖西
Huhsi
鷄善嶼
錠鈎嶼
馬公市
Makung
成功水庫
林投公園
Lintu Park & Military
香坡嶼
東衛
拱北山
石泉
Lighthouse at Hsi Yu
西嶼燈塔
外垵
四角嶼
馬公港
鳥崁
雞籠嶼
紗帽山
香爐嶼
澎湖本島
查某嶼
桶盤嶼
Tung-Pan Yu
Wind Cabinet
Shih-li Swimming
林投石
虎井嶼
Hu-Ching Yu
花嶼
Hua Yu
望安島(八罩島)
Wang-an (Pachao Islet)
天台山
天台礁
馬鞍嶼
將軍澳嶼
Chiangchunao Yu
北礁
西安
船帆嶼
南礁
望安
Wangan
潭門港
大礁
大猫嶼
Mao Yu
小猫嶼
草嶼
南塭
頭巾港道
頭巾嶼
南鐵砧嶼
西嶼坪嶼
西坪
利間嶼
東嶼坪嶼
西吉嶼
鋤頭增嶼
東吉嶼
東吉
七美嶼(大嶼)
Chih-mei Islet (Ta-Yu)
鐘仔嚴
西湖
東湖
七美(平和)
Chih-mei
Giant Stone Lion
望夫石
月鯉港
Yueh-Yu Port
南滬港
七美人塚 Senvenbeauty Graves

查坡嶼（陽嶼）、查母嶼（陰嶼）、香爐嶼等五島嶼。

在澎湖本島以西者，計有測天島、四角嶼、雞籠嶼②、海墘嶼、漁翁島、小門嶼等六島嶼。

在澎湖本島以南者，計有桶盤嶼、虎井嶼、狗沙嶼、金瓜仔嶼、將軍澳嶼、船帆嶼、後帝仔嶼、馬鞍嶼、八罩嶼、花嶼、大貓嶼、小貓嶼、草嶼③、頭巾嶼、西嶼坪、利間嶼、東嶼坪、西吉嶼、鋤頭增嶼、東吉嶼、鐘仔嶼、七美島（大嶼）等二十二島嶼。

三、土地面積

澎湖爲蕞爾之地，六十四島面積計一二六・八六四二平方公里，僅占台灣地區總面積百分之〇・三五。然島嶼分佈範圍遼闊，南北長六十餘公里，東南寬四十餘公里。有人島嶼二十個，其中澎湖本島的面積爲六四・二三八八平方公里，佔全縣總面積二分之一強。漁翁島一八・二〇二八平方公里，白沙島一四・一一二五平方公里，這三個較大島嶼鼎足而立，環圍成一內灣天然良港。八罩島七・一七六五平方公里，七美島六・九八六八平方公里，其餘有人島嶼超過一平方公里者六個（吉貝嶼、虎井嶼、將軍澳嶼、東吉嶼、花嶼、中墩嶼），不足一平方公里者九個（小門嶼、東嶼坪、西嶼坪、桶盤嶼、測天島、員貝嶼、鳥嶼、大倉嶼、目斗嶼），合計二十個有人島嶼面積爲一二四・五五九九平方公里，占全縣總面積百分之九八強，而四十四個無人島嶼全部面積僅二・三〇四一平方公里，平均每一無人島嶼面積不足〇・〇五三〇平方公里。

四、地質結構

澎湖地質屬於火山群島，大部份係由海底火山噴出之玄武岩熔漿所熔成之台地。約在第三紀鮮新期與第四紀洪積期之間，距今約一百萬年至一千萬年。原係平坦台地，後因海水風雨侵蝕，分裂而成群島。且其位置在「大陸棚」中心，地質學者視爲大陸一部份。由此足以證明過去澎湖、台灣與大陸相連。

構成澎湖群島的主要地層是漁翁島群，由數層熔岩流夾灰砂層而生成。在漁翁島（西嶼）

●湖西鄉雞善嶼玄武岩形成之方山台地。(郭金龍/攝)

海水面以上，可清晰看到三層玄武岩，代表三次火山噴發。最上層的玄武岩以板狀與柱狀節理發達爲特點，許多離島的丘陵頂部都是這一層玄武岩。

在各島海灣的地方常有海濱堆積物，由珊瑚遺體、介殼、有孔蟲殼等碎片及石英砂等構成。

澎湖群島除了花嶼係由份岩、石英斑岩、矽長斑岩而成外，都由玄武岩、水成岩而成，澎湖群島的玄武岩，分爲普通玄武岩、粗粒質玄武岩及沸石玄武岩三類，其成份以鈣、鎂、鋁等化學元素較多，屬於鹼性火成岩。

玄武岩的柱狀節理是澎湖地上景物的一大奇觀，當熔融的玄武岩漿噴出到地面時，在原始陸面上開始冷凝固化，由於岩漿本身的物理性質比較均勻，收縮的時候容易形成六面體柱狀的裂線，就像乾裂的泥土一般。單一的柱子直徑大約一公尺上下，長度可達數公尺，岩石成板狀的外觀，其橫斷面常成六邊形外，有時只有五個邊或四個邊。

五、地形與地勢

澎湖地形平坦，平均海拔二十公尺，屬於「大陸棚」海底火山噴出的熔岩所造成的台地，經過長久的陸上風蝕與海中水蝕而成島嶼。沒有

●七美鄉之雙心石滬。（郭金龍／攝）。

山，也不是平原。由遠方海上眺望，頂面十分平坦，但是登上島後，就會發現並非平坦，而是一起伏平緩的丘陵地帶。

澎湖面積雖小，但海岸線總長卻達三百二十六公里有餘，單位面積的海岸線長度與台灣本島比較，約爲本島的一百二十倍，冠全國沿海各省，海岸凸凹異常，半島形凸出及內灣狀凹入處甚多，港灣優良，可爲最優軍港、最佳商港，及最大漁港。

澎湖群島地勢，成南高北低的傾斜，從南面的大貓嶼標高七十九公尺起，七美六十六公尺，望安五十三公尺，澎湖島四十八公尺，白沙島三十八公尺，吉貝島十九公尺、目斗嶼十四公尺，到最北面大嶢礁、二嶢礁漸次潛入海中，呈顯著的北傾運動。

六、氣候特色

北回歸線由澎湖中央虎井嶼切過，劃澎湖群島爲南北兩部，虎井嶼以南爲北回歸線內，屬熱帶，虎井嶼以北則在北回歸線外，屬溫帶。全群島均屬於亞熱帶性氣候。澎湖年平均溫度

爲攝氏二十二度七。最冷的二月平均溫度十五度八，極端最低氣溫七度三。一年之中只有十一月、十二月、一月、二月、三月等五個月中始有低於十度以下的氣溫。每年六月到九月爲最熱的季節，平均溫度二十七度四，七月最高平均二十八度，極端最高氣溫達三十四度六。澎湖夏日氣溫不致過分酷熱乃因西南季風，終日吹拂，及海洋的調節作用使然。

強勁的季節風是澎湖最大的自然現象之一，「風島」早已成爲澎湖的代名詞。澎湖位於東亞季風標準區域內，每當秋末初冬時節東北風大作，強風通過管形的台灣海峽時風力加速，使澎湖冬季經常籠罩在凜冽的季風之下。澎湖的風除六月至八月爲西南風外，其餘各月爲東北風。年平均風速每秒六公尺四。但自每年十月起至翌年三月止，風速增強，十二月的平均風速爲九公尺六。間隔一兩天就刮一次強風，全年暴風日數多達一百四十四日，最大風速達二十二公尺五，相當於中度颱風。《澎湖紀略》云：「惟澎湖風信，不惟與內地不同，亦與他海迥異，周歲獨春夏風信稍平，可以種植。然

●鄉民在白沙鄉姑婆嶼採紫菜。（郭金龍／攝）

有風之日已十居其五矣。一交秋分，直至冬底，則無日無風，其不沸海覆舟，斯亦幸矣。」可見澎湖風大自古而然。

澎湖冬季風速達十八公尺以上時，海上波濤洶湧，激起水沫，升空飄揚，於降落地上即成

鹹雨。所過之處，草枯樹死，使秋冬半年的澎湖呈現一幅大野蒼茫的景象。《澎湖廳志》占驗云：「鹹雨之患，惟澎所獨，非眞雨也。海風捲浪，飛沫徧灑也。故鹹雨將至，必先刮怪風。」

澎湖因地形低矮平坦，不能形成地形雨。熱雷雨在澎湖也極少發生。全年雨量平均僅一千零三十四公厘，與台灣本島年平均雨量二千五百八十公厘相比，實爲全省雨量最少的地區。其歷年雨量，最大亦不過年平均一千六百七十一公厘，最少年平均祗二百二十三公厘。全年雨量分配頗不平均，冬半年的雨量佔全年雨量的百分之二十，夏半年則占百分之八十。四月到九月爲多雨時期，這時東北季風已過正是農業時期，如雨水降落穩定，自對農業有利，但澎湖的雨以颱風雨爲主，降落並不一定，有時在多雨時期，也會發生嚴重乾旱，居民飲用水亦成問題。

九月以後颱風較少，雨量也隨之大爲減少，雖然天空經常陰雲似雨，但因季風過於強烈，低雲層掠過，不能發生上升作用，難能凝結成雨。

●湖西鄉沙港村民圍捕海豚。（郭金龍／攝）

貳　澎湖開發史略

文獻上有關澎湖的記載，
最早見於《隋書》〈流求國傳〉，
《台灣通史》記載：
唐中葉，施肩吾始率其族，遷居澎湖。
澎湖歷經七、八百年的經營，
以地居台灣海峽咽喉，
向爲兵家必爭之地，
軍事建設亦有相當的基礎。

一、史前時期

先民對澎湖的開發，收入版圖以及正式建置，都較台灣本島爲早。澎湖位於中國與台灣之間，爲由中國來台灣必經之途，其開闢先於台灣於理甚明。澎湖早期的歷史，在隋代以前，缺乏文獻資料可供考據，可是從澎湖出土遺物的研究，可以斷定在史前時期，即有我國文化傳播至此。

最先從事澎湖考古挖掘的是日人伊能嘉矩，所著《台灣文化志》說：「澎湖及台灣存有石器時代遺跡。……湖西庄（鄉）青螺虎頭山，發現過古代石斧、骨器及土器。」其後於西元一九四一年，日人國分直一氏在澎湖本島的東方良文港（今之龍門）發現了兩處新石器時代遺址，所採集的陶器碎片中，有施以紅彩的「彩陶」。

一九五二年，台灣大學地質系教授林朝棨先生在澎湖作調查時又在白沙、西嶼、吉貝、中屯（墩）諸島，發現更多新石器時代遺址及歷史遺址。

近年黃士強先生曾數度前往澎湖調查，每次調查都發現到新遺址，並獲得一些新的寶貴資料，他說：「到目前爲止一共發現了新石器時

●白沙鄉講美村東方發現台地最早的漢人遺跡。（郭金龍／攝）

代遺址十一處，計有：吉貝、通梁a、赤崁、沙港、良文港a、良文港b、竹篙灣a、竹篙灣b、二崁、虎井、東安。……以上這十一處新石器時代遺址，從出土的遺物分析，它們均屬於同一系統的文化。我們稱這個文化爲繩紋紅陶文化。它的特徵是：手製的紅褐色陶器上施以粗細不等的繩紋。繩紋紅陶文化的年代約在四千年前或稍晚，除了發現於澎湖外也發現於中國東南沿海地區以及於台灣本島的中、南部。在台灣本島發現的這種文化主要遺址有台中牛罵頭（清水）、南投草鞋墩（草屯）、平林；台南牛稠子、網寮；高雄鳳鼻頭；屏東墾丁、鵝鑾鼻等。從各個遺址出土的遺物來作比較，和澎湖關係最密的是牛稠子和網寮二遺址出土的陶器，不論在形制上，紋飾上和質地上都和澎湖出土的酷似。此外兩個遺址出土的石器不少是用澎湖出產的橄欖石玄武岩製造的，可見二地當時海上交通必定頻繁。」

因此可以相信中國繩紋陶器文化、澎湖繩紋陶器文化及台灣繩紋陶器文化係屬同源，並推想在新石器時代，中國、澎湖與台灣本島之間已有交通。由這些考古資料佐證，加以澎湖位於中國與台灣之間，文化傳播，當由中國先至澎湖，再由澎湖傳至台灣本島。

●台地歷史最悠久之澎湖天后宮。

二、開拓時期

文獻上有關澎湖的記載，最早見於《隋書》〈流求國傳〉，其中記載隋煬帝三次派人至流求（一般認爲指台灣，但有異說）第一次大業三年（西元六〇七年）因水師何蠻之奏，派朱寬及何蠻探流求，道經澎湖至台灣，俘一人而回。第二次大業四年（西元六〇八年）派朱寬撫慰流求，道仍經澎湖。流求不服，取布、甲圍而還。第三次大業六年（西元六一〇年）派陳稜、張鎭洲自義安（今廣東潮汕）出發，經澎湖之高華嶼（即花嶼）、奎壁嶼而至流求，殺流求國王俘多人而回。據《海防考》記載：「隋開皇中（西元五八一——六〇〇年）嘗遣虎賁陳稜略澎湖地，其嶼峙立巨浸中，環島三十有六，如排衙。居民以苫茅爲廬舍，推年大者爲長，以畋漁爲業，地宜牧牛、羊，散食山谷間，各剺耳爲記。」此段敍述一般歷史家認在年代上有錯誤，考《隋書陳稜傳》大業三年（西元六〇七年）始拜虎賁郎將，六年始征流求，《隋書》上亦無開皇有事於台澎之記載，此應爲大業之役而誤植於開皇年間，所以隋煬帝大業六年（西元六一〇年）派遣虎賁郎將陳稜伐流求之役曾略澎湖地，亦即爲中國經略澎湖之始。

台灣史學家連雅堂先生在所著《台灣通史》記載：「唐中葉，施肩吾始率其族，遷居澎湖。」《台灣省通誌稿》也有：「唐憲宗元和元年、丙戌、公元八〇六、民前一一〇五年，進士施肩吾移家居澎湖。」的記載，惟均無確實證據。施肩吾於宦官之亂後辭官隱居江西省的西山，他曾做〈島夷行〉詩一首，收在全唐詩中，明孝宗弘治年間黃仲昭編輯《八閩通志》時以〈題澎湖嶼〉收入其中，其詩云：

腥臊海邊多鬼市，
島夷居處無鄉里；
黑皮少年學採珠，
手把牛犀照鹽水。

有人認爲施肩吾隱居西山缺乏探險心，必未到澎湖。「彭湖」可能是別名「彭蠡湖」的鄱陽湖。但據詩文本身研究，詩中所描寫的海鄉景緻，指的是澎湖情境應較可信。

兩宋三百多年，意指澎湖的「平湖」一名常

●澎湖媽宮城順承門。（郭金龍／攝）

見於野史及方志之中，因此可見宋代與澎湖的關係，比唐代更爲密切，據南宋樓鑰《攻媿集》卷八八〈汪大猷（泉州知州）行狀〉載：

> 乾道七年（西元一一七一年）四月，起知泉州，到郡……郡實瀕海，中有沙洲數萬畝，號平湖，忽有島夷號毗舍耶者奄至，盡刈所種，他日又登海岸殺略；擒四百餘人，殲其渠魁，餘分配諸郡。初即每遇南風，遣戍爲備，更迭勞擾。公即其地，造屋二百間，遣將分屯，軍民皆以爲便；不敢犯境。……

又南宋周必大《文忠集》〈汪大猷神道碑〉載：「海中大洲號平湖，邦人就植粟、麥、麻。」至南宋理宗寶慶元年（西元一二二五年）宗室趙汝适著《諸番志》云：「毗舍耶，語言不通，商販不及，袒裸盱睢，殆畜類也。泉有海島，曰彭湖，隸晉江縣。與其國密邇，煙火相望，時至寇掠，其事不測，多罹生噉之害，居民苦之。」以上二文所稱平湖、彭湖乃今之澎湖，此時澎湖屬於晉江，且已有屯兵戍守之事，「春夏遣戍，秋暮始歸」毫無疑問的說明了澎湖在當時已經成爲中國領土的一部分，否則沒有派兵防守之必要了。

黃士強先生從澎湖歷史時期遺址的數次調查和試掘出土之大量宋明時期的瓷片，宋代銅錢等漢人遺物，證明至遲在南宋時，漢人已經移殖到澎湖。他說：「迄今所發現的歷史時期遺址有姑婆、後寮、中屯a、中屯b、通梁b、安宅、布袋港等七處。……以上七個遺址，除了在中屯a的公路兩側發現到大量可能屬於明、清時代的青花瓷片；以及在通梁的海邊採集到早晚混雜的陶瓷外，可以說皆屬宋元時期的遺址。遺物以陶瓷爲大宗，大多爲不帶釉或施少量釉的甕罐以及器形特殊的『高瓶』。『高瓶』出土的數量甚夥，其底部略細，肩部稍粗，修腹，小頸，環口，瓶高約三十公分，口徑僅二——三公分。除口部或肩部施以深褐色釉外，其餘部份皆不施釉。這種高瓶爲宋代民間流行的器物，曾發現於中國沿海地區的宋墓中，以及福建泉州灣所挖出的一艘宋代沉船中。宋墓中以及宋船中出土的高瓶，形制與澎湖採集

●馬公市興仁里蔡進士進士第。(郭金龍／攝)

者並無二致。此外，還有爲數不少的青瓷、青白瓷、白瓷、烏金釉茶盞等。這類瓷器皆爲宋、元時代福建地區燒製的，值得注意的是它們大都屬於貿易瓷。韓國、日本、琉球、南洋各地，及至埃及都有相同的瓷器發現。澎湖爲宋明時代泉州外海之門戶，對外貿易之交通孔道。從澎湖群島出土的貿易瓷來看，推測這一群島說不一定爲當時貿易的中途站。」從考古調查，證實了上述宋代文獻記載之無誤。

三、建治時期

澎湖正式設官治理係在元至元初，新元史《島夷諸國傳》記載：「海外島夷之族，澎湖最近；分三十六島，有七澳介其間。其地屬泉州晉江縣，土人煮海爲鹽，釀秫爲酒，採魚蝦爲食。至元初建巡檢司。」元代「至元」年號有二。一爲元世祖至元年間，自西元一二六四年至一二九四年，計三十一年間。另一爲元順帝至元年間，自西元一三三五年至一三四〇年，計六年間。致澎湖於何年設置巡檢司有兩說：一說謂元世祖至元十八年（西元一二八一年）六月阿塔海統率軍馬再度征日本，八月招海中餘寇合爲大軍，惟受風濤所激，大失利，收回軍師分戍沿海，諸將見澎湖海中形勢優越奏請設治，置澎湖巡檢司；另一說認爲元朝於澎湖設立巡檢司應是元順帝至元年間的事。順帝至正九年（西元一三四九年）汪大淵著《島夷誌略》記載當時澎湖情形如下：「島分三十有六，巨細相間，坡壠相望，乃有七澳居其間，各得其名。自泉州順風二晝夜可至。有草無木，土瘠不宜禾稻，泉人結茅爲屋居之。氣候常暖，風俗朴野，人多眉壽。男女穿長布衫，繫以土布。煮海爲鹽，釀秫爲酒，採魚蝦螺蛤以佐食，爇牛糞以爨，魚膏爲油。地產胡麻、綠豆。山羊孳生數萬群，家以烙毛刻角爲記，晝夜不收，各遂其生育。工商興販，以樂其利。地隸晉江縣，至元間立巡檢司。以週歲辦鹽課中統錢鈔一十錠二十五兩，別無科差。」敍述得十分具體，從上文中可以看出澎湖移民拓殖的情形。

明太祖洪武元年（西元一三六八年）部將湯和平定方國珍、張士誠，敗軍餘將逃亡海外，淪爲海賊，或勾結倭人爲寇，有流竄澎湖者，洪武五年（西元一三七二年）湯和由於方、張餘衆蠱惑澎湖居民，背叛明朝，經數度討伐未見功效，乃以「澎民叛服不定」爲由，奏請：「遷徙澎民於近郭，廢巡檢司而墟其地」，惟以「徙民墟地」事關重大，朝廷必須愼重處理，未予照准。洪武七年（西元一三七四年）再派

●西嶼鄉赤馬村西北聚落。（郭金龍／攝）

吳禎追逐倭寇，相傳洪武二十年（西元一三八七年）倭寇大舉進襲沿海各地，因大陸防備甚嚴不得進，乃退而襲擊大嶼（今之七美），有七女子因不願受辱相偕殉節，是爲「七美人塚」的史蹟，但該古蹟現存碑記載爲嘉靖年間，確否待考。到了洪武二十一年（西元一三八八年）周德興巡視福建海防，以澎湖爲海外孤島，不易防守，且有接濟倭寇之害，建議撤守澎湖，太祖許之，遂廢巡檢司，將澎湖居民遷徙漳、泉二府，澎湖從此淪入倭寇與海盜之手。

四、寇亂時期

自洪武二十一年（西元一三八八年）遷徙澎湖居民，廢巡檢，墟其地後，澎湖淪爲倭寇、海盜「假息」之地，其時仍有沿海居民私自前來謀生者，至永曆十五年（西元一六六一年）鄭成功復台，前後達二百七十三年。崇禎十二年（西元一六三九年）倭寇因日本德川幕府第三代將軍之禁而告絕跡。相傳澎湖拱北大城山尚有倭寇的遺跡。當倭寇更加猖獗時，不斷侵擾中國沿海，嘉靖四十二年（西元一五六三年）

俞大猷、戚繼光合擊擾犯閩粵兩省之倭寇，追殺於海上，倭寇勢蹙竄抵澎湖。倭寇之外，澎湖自明太祖徙民墟地後，經過一段時間又有自大陸前來從事貿易、拓荒，或竟流爲倭寇耳目，或由海盜復爲民者居住，因而至嘉靖年間人煙又盛。俞大猷乘平閩粵倭寇勝利之勢，追至澎湖，痛擊佔據澎湖之海盜林道乾與倭寇，兩者大敗，相繼逃往台灣。愈大猷駐「偏師」於澎湖，旋師後奏請世宗恢復設治澎湖巡檢司。但自俞大猷去職後，澎湖駐軍日漸減少，而巡檢司也被廢止，到了萬曆年間倭寇再以澎湖爲基地，略犯沿海，萬曆八年（西元一五八〇年）福建官兵平犯閩浙之倭寇，乘勝追至澎湖。十年（西元一五八二年）福建官兵又追剿到澎湖。二十五年（西元一五九七年）爲防倭寇擾害，明廷設游兵於澎湖。明末仍時有海盜入侵澎湖。

五、荷人入侵時期

荷蘭人於十六世紀末葉，佔領東印度群島，萬曆二十九年（西元一六〇一年）到達澳門被葡萄牙人擊退。三十二年（西元一六〇四年）荷將韋麻郎率領艦隊到大泥，適有當地華僑李錦獻計，建議韋麻郎先取澎湖再求通商，於是

●望安鄉中社村古厝。（郭金龍／攝）

韋麻郎帶李錦率領二艘巨艦自大泥出發，經澳門海面，於七月十二日（陽曆八月七日）開入澎湖。當時澎湖因春汛已過而秋汛未屆，韋麻郎順利的佔領澎湖，半商半軍一面和沿海居民進行貿易，一面派李錦等赴漳州要求通商，與福建稅璫高寀勾結，擬向寀行賄三萬金，浯嶼把總沈有容奉總兵施德政、巡撫徐學聚之命，征剿韋麻郎。沈有容建議以諭退方式進行，沈氏隨帶著五十艘官船，來到澎湖，然後與所扣韋麻郎通譯二人乘小舟會見韋麻郎，曉以朝廷貢市制度，嚇以大軍征伐在即，並揭穿高寀等之營私,使韋麻郎心折說：「我從不聞此言」，乃索回賄金。時按撫嚴禁奸民接濟，又聞官兵將以火攻之策，韋麻郎度事無成理，又恐日久坐困，遂於是年十月二十五日率艦離開，沈有容達成任務後，刻石「沈有容諭退紅毛番韋麻郎等」石碑一方以資紀念，該碑於民國八年出土，現放置於馬公市天后宮後進清風閣樓上。

到了明天啓二年（西元一六二二年）荷蘭巴達維亞總督顧恩命荷將雷爾生率艦十二艘，荷兵一〇二四人於五月十六日先攻澳門大敗，於六月四日以軍艦八艘退襲澎湖，並在風櫃尾築城，該城長寬各爲一百八十呎，造城期間困難重重，水手罹病者很多，且所建城牆常倒塌，士兵要常修補城牆。荷人佔領澎湖後一再派人至福建要求通商，並以武力強求，派軍進攻福建沿海，遭受強烈的抵抗，前後任福建巡撫商周祚與南居益均不爲所懾，命令荷人速離澎湖，並拒絕通市。三年（西元一六二三年）夏，因風雨侵襲，風櫃尾荷蘭城的城牆倒塌很多，荷人強迫從福建沿海俘獲的中國俘虜修補該城，荷人日僅給食米半斤，一千一百五十名俘虜中，役死者五百七十一人，所剩下的五百七十九人被遣送到巴達維亞，賣作奴隸，中途染病死者四百八十六人，被投於海中，幸而安抵巴達維亞者僅九十三人，荷人暴虐的海盜行爲實令人髮指。四年（西元一六二四年）福建巡撫南居益奏准用兵。元月命守備王夢熊率軍（軍船四、五十艘、士兵三千）進攻澎湖，由吉貝突入白沙島的鎮海港，由副總兵俞咨皐督導在鎮海開始築城，經過兩次兵員的增援，乘勝大舉南下。四月南居益發大兵圍攻荷軍，俞咨皐隨王軍進兵，更親督海道孫國禎，水標游擊劉應龍，自海協攻，慢慢地包圍風櫃尾的紅毛城。嗣雷爾生辭職由遜克繼任，遜克發現有大約一萬人的明軍包圍荷蘭城及船隻，知難抵抗，乃兩度遣使求緩攻擊，容運米上船即去。孫國禎許之，遂聽其揚帆去。此役荷人竊據澎湖計二

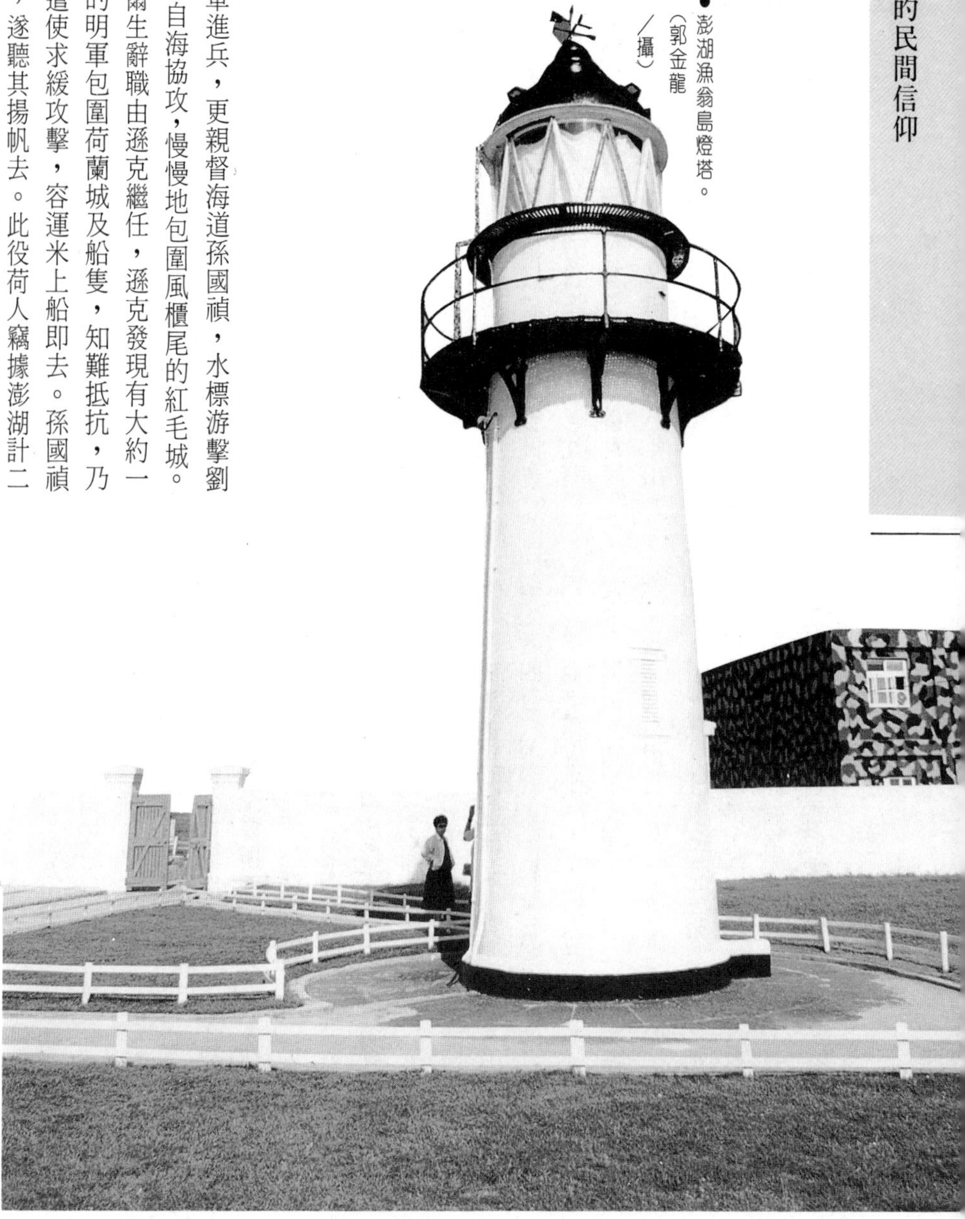

●澎湖漁翁島燈塔。（郭金龍／攝）

年有奇，戰爭亘七閱月；軍耗資達十七萬七千餘兩，誠爲明朝抵禦外侮，保全國土的光榮歷史。天啓四年驅荷人後，南居益築城於穩澳，是爲天啓城。設游擊一、把總二、統兵三千，築炮台以守。

六、明鄭時期

永曆十五年（清順治十八年、西元一六六一年）延平王鄭成功決心平克台灣，以爲根本之地，集大小艦數百艘，兵二萬五千人，於三月二十三日午間，從金門料羅灣出發，二十四日抵達澎湖，駐蒔內澳（今之蒔裡）候風開駕，並與諸將說：「台灣若得，則此爲門戶保障」，遂撥陳廣、楊祖、林福、張在等帶兵三千，留船十二隻守澎湖。二十七日舟師出發，至柑桔嶼（今之東吉）阻風，還泊蒔內澳。三十日晚冒風雨開船，以何斌及澎湖游擊洪暄爲前導直航台灣。四月一日黎明到台灣外沙線，辰時乘潮水漲時，登陸鹿耳門，攻擊荷人，經過數場激戰及圍攻熱蘭遮城九個月後，終於是年十二月十三日驅逐荷人，收復台灣。十六年（清康熙元年、西元一六六二年）五月八日鄭成功薨逝，世子經嗣位。十月七日進駐澎湖，十六日整師向台。十八年（清康熙三年、西元一六六四年）三月七日鄭經由銅山返台途中至澎湖，哭祭在澎逝世之遺老盧若騰，並巡諸島設營壘、置烟墩、礮台，令薛進思、載捷、林陞等守之。四月設置澎湖安撫司。十九年（清康熙四年、西元一六六五年）二月鄭經聞報施琅將攻澎湖，命顏望忠守澎，並命洪旭抽調各鎮屯田十分之三，及勇衛、侍衛各半旅萬餘人，配大熕船二十隻、烏船、趕繒各十隻，合戴捷、薛進思、林陞、林應等舟師禦敵。又命劉國軒以一旅守澎湖之雞籠山；何祐一旅守大線頭。三月顏望忠至澎湖，屯營於娘媽宮，並於左右峙各整礮台，令戴捷、林陞二鎮守之。四月施琅以鄭經降將鄭鳴駿等舟師出銅山。十五日夜至澎湖，因颶風大作，各船飄散，乃回師廈門。旋清廷召施琅歸旗，加封伯爵，以鄭氏投降官兵分駐各軍，不復以台灣爲事。六月鄭經以薛進思、林陞守澎，餘皆調撥回台，仍歸屯所耕作。三十四年（清康熙十九年、西元一六八〇

●澎湖跨海大橋。

年）二月二十九日鄭經於西征失敗返台途中抵澎，至三月十二日返回東寧。三十五年（清康熙二十年、西元一六八一年）元月二十八日經病薨。馮錫范等不顧經遺命，弒克壓而立克塽襲位，是月以國難，恐清軍來攻乃以戎旗四鎮董騰守澎，旋以林陞代之，十月聞清軍將攻台，議修戰船；命水師鎮林亮董其役。以武平侯劉國軒總督諸軍守澎，相地設險，築礮壘爲備。三十六年（清康熙二十一年、西元一六八二年）元月施琅至閩，於廈門等處調兵整船。劉國軒以銃船十九艘，戰船六十餘艘，兵六千人，撥諸將守澎；而親身往來台、澎督視。嗣國軒聞清軍回汛，遂暫還東寧。十一月國軒聞施琅題准專征；乃往澎湖視師。三十七年（清康熙二十二年、西元一六八三年）六月十四日，清水師提督施琅率各鎮、協、營發銅山。兵力兩萬有奇，戰船約三百艘。時澎湖防兵總兵力不過兩萬，兵船不滿二百隻。十五日辰時清船近八罩嶼，宣毅左鎮丘輝及建威中鎮黃良驥等，欲先發制人，伺半渡而擊之；國軒不聽。是晚清軍至澎湖，丘輝欲乘夜潮落、衝鯮攻擊。國軒以當颶風之時，應以逸待勞，使其自覆，復不肯。十六日黎明，清軍進攻澎湖，國軒以林陞、江勝、丘輝、曾瑞、王順、陳啓明（一作陳起明）等迎戰，右武衛林陞直衝其䑸，奮勇死鬥，清師遂退。國軒自度船少，且軍士乏糧，恐潰散，不敢進。丘輝乘敵新敗請夜襲，國軒必以待颶使自覆，復不可。是夜施琅泊大洋中，諸船陸續畢集，移次八罩。十七日施琅收兵八罩及水垵諸澳申軍令，懲臨陣退縮諸將，欲斬之；諸將蒲伏，許以立功自贖；士氣復振。部將吳英建議「彼船少，我舟多；以五船結一䑸，攻彼一隻。其不結隊者，爲遊兵；或爲奇兵，或爲援兵；悉遠駕觀望，相機而應；則無成䑸沖撞之患，又可以各盡其能，奮勇破敵。」琅乃採行其策。十八日清軍進取虎井、桶盤嶼。二十二日，施琅傾力攻澎，劉國軒令江勝、丘輝、陳啓明等應戰，殊死力鬥，一以當百。丘輝一船軍士盡殲，輝按劍疾視，擊斬數十百人，清兵不敢前；用火船乘風縱發，煙焰彌天，海舟相繼燒毀，江勝、丘輝均陣歿。國軒知勢不敵，乃駕小舟從吼門逃回台灣，施琅遂得澎湖。七月中鄭克塽派使向清軍投降，於是台、澎均入清朝版圖。

七、設廳時期

清康熙二十二年（即明永曆三十七年、西元一六八三年）施琅佔領澎湖，旋與台灣皆歸入清朝版圖。二十三年（西元一六八四年）四月台灣成立一府，隸福建省，由分巡台廈兵備道兼管，府下置台灣、鳳山、諸羅三縣，而澎湖設巡檢司，屬台灣縣管轄。巡檢官品僅「從九品官」，受台灣知縣的指揮，旁受澎湖水師副將、游擊、守備等武官官署的命令，事權無法發揮，雍正五年（西元一七二七年）改設海防糧捕廳。廳設通判，官位爲六品，較知縣之七品爲高，澎湖自此規制逐漸完備。此後兩世紀間，平靜無事，因澎地多風災、旱災，賑恤爲勞，間致力於文事，至於開發則無甚發展。自光緒年間起海上多事，到了光緒十一年（西元一八八五年）中法戰爭爆發，是年二月十三日法軍司令官孤拔率艦進犯澎湖，自蒔裡澳登陸，守軍抵抗不力，十五日法軍遂佔媽宮，全

●澎湖西台古堡（甘村吉提供）。

島俱陷，法將準備在該地修建軍港，作久居之計，旋中法和議成立，而主將孤拔病死，葬於媽宮，六月間副司令官李士卑斯率衆撤退。二十年（西元一八九四年）中國因朝鮮事件與日本開戰，澎湖由總兵周振邦防守，兵力人數五千人以上，另有保護糧台親兵一百人及分駐各島汛所之綠營兵二營。二十一年（西元一八九五年）三月十五日，日本伊東中將率聯合艦隊之主力：松島、吉野、高千穗、浪速、秋津洲等艦，比志島大佐率陸軍混成支隊：後備步兵第一聯隊，後備步兵第十二聯隊，臨時山砲兵中隊，臨時彈藥縱列等，及第四水雷艇隊自佐世保出發，於同月二十日到達澎湖將軍澳，二十一日晨八時二十分開始攻擊，二十三日由良文港登陸，經激戰後，二十四日澎湖全島陷於日本。時日軍戰死及霍亂病死者千餘人，合葬紅木埕附近，名曰「千人塚」。馬關條約締結後，割讓台灣澎湖給日本，同年六月，日人將澎湖稱爲「澎湖島廳」，後改爲「澎湖廳」，均直屬於台灣總督府。民國九年改爲「澎湖郡」，屬於高雄州。十五年七月恢復爲「澎湖廳」，仍舊直屬於台灣總督府。直到民國三十四年八月十五日我國對日抗戰勝利，台澎重歸祖國懷抱。

八、今日澎湖

民國三十四年十月二十五日台灣光復，澎湖重回我國版圖，同年十一月十五日成立澎湖廳接管委員會，辦理接收。三十五年一月二十一日正式成立澎湖縣政府，下轄馬公鎮（現已改市）及湖西、白沙、西嶼、望安、七美等五鄉，共九十七村里。依據七十八年底統計，人口計男五萬零九百二十二人，女四萬五千四百人，

●澎湖西嶼鄉外垵村。（郭金龍／攝）

共九萬六千三百二十二人。澎湖人口外流甚多，遷居外縣市的約有三十餘萬人，尤以移居高雄市者最多。

澎湖雖歷經七、八百年的經營，以地居台灣海峽咽喉，向爲兵家必爭之地，軍事建設有相當的基礎，但民生建設因受天然條件所限，仍然十分落後，一直到了光復後始獲得我各級政府的重視，經過四十餘年的積極建設，現在已有長足的進步，舉凡文教建設、農牧經營、綠化澎湖、開闢港灣、發展漁業、興橋築路、改善交通、發展觀光、改善離島居民生活等，均有顯著的成就。

2／宗教廟堂卷

壹　澎湖一般人的宗教觀念

移民們對於將要到達的新天地
懷有極大的不安與恐懼感，
至盼靈驗的神佛保佑他們健康，
獲得一切幸福，避免各種災禍，
因此移民澎湖時，
多將其故鄉守護神，
或各自信仰的神佛「香火」帶來，
奉祀在海邊的魚寮或農舍。

澎湖早期的移民，來自福建泉州府，南宋時，澎湖隸晉江縣，到了元代至元年間正式設置澎湖巡檢司治理該地。至洪武二十一年（西元一三八八年）周德興巡視福建海防，認爲澎湖是海外孤島，不易防守，且有接濟倭寇之害，於是建議明太祖撤守澎湖，太祖許之，遂廢巡檢司，將澎湖居民遷徙漳、泉二府，澎湖淪爲倭寇、海盜「假息」之地，但當時仍有沿海居民私自前來謀生者。萬曆初年澎湖豐富的漁場及荒蕪已久的耕地，又誘引了第二期的移民。第二期移民以福建泉州府同安縣金門人遷來最早，其後來者亦以同安縣人爲多，較好地區澎湖本島多被同安縣人所佔，較後到的漳州府屬移民集中於白沙鄉。天啓及崇禎兩朝福建災荒嚴重，漳、泉人民相率渡海來澎湖謀生者亦不少。明末清初多因兵亂而來，以金、廈兩地居民爲多。清康熙二十二年以後，福建沿海各地均有人來澎，嗣後駐澎官兵也有就地娶妻生子，安家落籍者，以漳州府屬的銅山，泉州府屬的三邑（南安、惠安、晉江）及福州府屬人爲多。這些人在原籍的宗教信仰影響了後代的民間信仰。

從來閩南尚鬼信巫之俗，根深蒂固。茲錄各地概況於後：

●設席祀神，年老爐主跪進佳餚。

泉州府：《惠安縣志》云：俗頗務鬼，信機祥，小數窮鄉無醫藥，有病則禱於神。（乾隆《府志》）

漳州府：漳州閩會，極邊瀕海……淫祠淫戲，其風未衰。（明王應山《閩大記》）

漳州府漳浦縣：俗質謹畏，……間有專信鬼神，不事醫藥。（成化《郡志》）

廈門：吳越好鬼，由來已久。……於是邪怪交作，石獅無言而稱爺，大樹無故而立祀，木偶漂拾，古柩嘶風，猜神疑仙，一唱百和，酒肉香紙，男婦狂趨。……疾病，富貴家延醫診視，餘皆不重醫而重神。不曰星命衰低，輒曰觸犯鬼物，牲醴楮幣，祈禱維虔。（《廈門志》風俗記俗尚）

金門：惑鬼神，信機祥，病雖用醫，然扶鸞抬神問藥，延巫覡禳符燒紙，至死不悟，誣蔽甚矣。（《金門志》風俗記雜俗）

具有這些宗教傳統的澎湖先民，每日為生活奔波，其信仰多趨向民間信仰，尤尚鬼信巫。移民渡海之時，要先經過時有海盜橫行而又風浪險惡的台灣海峽艱難航程，此事已足刺激移民的宗教意識。渡海之後，復處處為氣候水土所困，又須與瘴癘奮鬥。在這種情況之下生活，很自然會引起相當虔誠的宗教信仰。他們亟需祈求神佛保佑，以避免惡靈陰鬼之害，故趨附以靈驗為中心的民間信仰。

●善男信女在海邊恭送「王爺」離境。

　移民們對於將要到達的新天地懷有極大的不安與恐懼感，至盼靈驗的神佛保佑他們健康，獲得一切幸福，避免各種災禍，因此移民澎湖時，多將其故鄉守護神，或各自信仰的神佛「香火」或自己所有的神像、佛像帶來，奉祀在海邊的魚寮或農舍。移民處在海盜、天災、地變、病苦中，耕作、打漁，供他們祈求日日平安，增進奮鬥勇氣者，乃這些由原籍帶來的神佛香火或神像。他們對於日常的疑難若不能獲得適當的解答，就求神問佛，以擲筊問其吉凶決其行止，偶然遭遇災難，僥倖身免或得病痊癒，則歸功於所供奉神佛的靈驗，更加深其信賴，並向親友鄰居傳述，於是大家都來禮拜祈願，衆多信者遂即共同出資籌建寺廟來奉祀，並遵行世代相傳的宗教習俗，以求平安。

　澎湖居民的宗教，除外來宗教外，形式上雖可分爲道教、佛教，但多數人不甚了解其教義，實質上乃信奉傳統之敬天思想、祖先崇拜、道教、佛教之祝祇神靈，以及接近原始宗教之地方性巫術與泛靈信仰混合而成的「民間信仰」，道、佛兩教混合的情形尤其明顯。茲列舉澎湖部分寺廟所供奉的神佛於後，我們可以從該表明顯看出道、佛兩教混合的例證。

表一

鄉鎮（市）	村里	寺廟名稱	主神	副神	寺廟登記教別
馬公市	啓明里	北極殿	眞武大帝	準提菩薩	道教
馬公市	朝陽里	三官殿	三官大帝	觀音佛祖	道教

馬公市	西衛里	宸威殿	眞武大帝	觀音佛祖	道教
馬公市	西衛里	福善堂	孚佑帝祖	觀音佛祖、釋迦牟尼	道教
馬公市	菜園里	將軍廟	伏魔大將軍	觀音佛祖	道教
西嶼鄉	小門村	震義宮	溫府王爺	如來佛祖	道教
西嶼鄉	大池村	治安宮	玄天上帝	觀音佛祖	道教
西嶼鄉	內垵村	池王廟	池府王爺	觀音佛祖	道教
望安鄉	西安村	天后宮	天上聖母	觀音大士	道教
望安鄉	將軍村	天后宮	天上聖母	觀音大士	道教
馬公市	長安里	坤儀堂	觀音佛祖	五府千歲、土地公	佛教
馬公市	虎井里	大音宮	觀音佛祖	玄天上帝、周府千歲、註生娘娘、福德正神、林公公、哪吒子	佛教
湖西鄉	青螺村	聚善寺	觀音佛祖	註生娘娘、福德正神	佛教
湖西鄉	龍門村	觀音宮	觀音佛祖	註生娘娘	佛教
湖西鄉	許家村	港元寺	觀音佛祖	文衡聖帝	佛教
白沙鄉	吉貝村	觀音寺	觀音佛祖	天上聖母	佛教

澎湖的居民除少數人信仰佛教、基督教、天主教，及沒有宗教信仰外，大多數信仰民間信仰。信徒所佔比率，大多爲各村里居民的百分之七十五以上，某些村里甚至達到百分之九十以上。他們認爲天地間有天神、地祇、人鬼、物魅。人生活在世，其吉凶禍福，不時受神、鬼的影響。人一死，在世時立功立德立言，有功國家社會者會被玉皇大帝勅封爲神，而普通人，死後爲鬼，經地獄審判無大過時轉生爲人，至於無惡不作者，在地獄受刑後轉生爲禽獸魚蟲類。此外某些橫死者的亡魂，未落地府，如散兵遊勇似地到處遊蕩，作祟世人。

澎湖由於移民較早，且以地理環境特殊，時有不測之虞，致特別信神崇鬼，民間對厲鬼之恐懼心甚於對神明之尊敬心，咸信神佛慈悲爲懷，不祭祀頂多不能邀福，厲鬼則不然，會加害於人，故第一道防線，普設「石敢當」「石符（符籙）」「石塔」，這樣還不放心，請求神明「安放五營」防備惡魔前來侵擾，爲了防備災難突然發生，還要「補運」，每到神明的壽誕，要「建醮」，開「壽宴」祈求平安。又特別敬畏城隍爺，其出巡行事比較特殊，出巡完畢尚有「祀武」儀式，此外澎湖民衆對原爲瘟神之「王爺」信仰之深，可謂台地之冠，由於地方經濟狀況不及其他縣市，故其祭祀不如台灣南部地區之盛大，但「迎王」「送王」無年無之，並保留若干其他地區已少見之傳統祭典。

貳　澎湖的寺廟與神佛

澎湖民衆自古以來以海爲業，
莫不祈求海上平安，
元、明、清三代，
對媽祖之崇敬最盛，
澎湖天后宮是台灣最早創建之媽祖宮，
相傳建於明代或更早。
其次，關公廣受民間崇拜，
因澎湖古來屢駐大軍，
尤受軍人的祭祀，
明、清兩代祭拜最盛。

一、寺廟

寺廟爲民間信仰的中心。

先民前來澎湖時所攜帶的神、佛像或香火，於定居之後隨即供奉於漁寮、農舍禮拜，等到聚落成村後繼而出資建廟，朝夕膜拜，四時祭祀，祈求平安，一切民間信仰活動以寺廟爲中心進行。不斷建築新廟，翻修舊廟，代代樂此不疲。澎湖寺廟之多，廟貌之雄偉，與民衆祭拜之虔誠，恆令外來遊客驚奇不已。據民國七十六年十一月統計，全縣登記有案的佛教寺院有三十一座，道教廟宇有一百三十四座，共一百六十五座。這些寺廟雖然分別以佛、道教向政府辦理登記，其實澎湖並無純粹之道觀，其以佛教登記者大都具有佛寺之外貌，由和尙或尼姑主持，但就信徒的信仰言，對於佛、道教義認識不太淸楚，大都僅能說是民間信仰之信徒。茲將全縣各村里之寺廟名稱及數量臚列於後，以供參考。

表一

資料所屬時間：民國七十六年十一月

鄉鎭(市)	村里	寺院名稱	數量	廟宇名稱	數量	合計	備考
馬公市	中央里			景福祠、施公祠、提標館、水仙宮	4	4	
馬公市	中興里	觀音亭	1			1	
馬公市	長安里	澄源堂、坤儀堂、太和堂	3	北辰宮、天后宮	2	5	
馬公市	重慶里			城隍廟、朝陽祠	2	2	

馬公市	啓明里			北極殿、福德祠	2	2	
馬公市	復興里			海靈殿、陰陽堂、銅山館	3	3	
馬公市	朝陽里	潮音寺	1	武聖廟	1	2	
馬公市	陽明里	菩提寺	1	三官殿	1	2	
馬公市	光明里	信願寺	1	東鳳宮	1	2	
馬公市	光復里	法界寺	1	一新社	1	2	
馬公市	光榮里			靈光殿	1	1	
馬公市	重光里			威靈殿	1	1	
馬公市	西衛里			宸威殿、福善堂	2	2	
馬公市	東衛里			天后宮	1	1	
馬公市	安宅里	彌陀寺	1	周王廟	1	2	
馬公市	西文里			城隍廟、聖眞寶殿、祖師宮	3	3	
馬公市	東文里	明見寺	1	溫極殿	1	2	
馬公市	案山里			北極殿、萬善廟、柳星君祠	3	3	
馬公市	菜園里			東安宮、將軍廟	2	2	
馬公市	前寮里			朱王廟	1	1	
馬公市	石泉里			朱王廟	1	1	

馬公市	興仁里	濟公廟	1	懋靈殿	1	2	
馬公市	烏崁里			靖海宮	1	1	
馬公市	鐵線里			祖師廟	1	1	
馬公市	鎖港里	坤元寺	1	北極殿	1	2	
馬公市	山水里			上帝廟	1	1	
馬公市	五德里			威靈宮	1	1	
馬公市	井垵里			吳府殿、上帝廟	2	2	
馬公市	嵵裡里	普德寺	1	水仙宮	1	2	
馬公市	風櫃里	風山寺	1	溫王殿、德安宮、流水亭通三官廟	3	4	
馬公市	虎井里	大音宮	1			1	
馬公市	桶盤里			福海宮	1	1	
馬公市	計		15		47	62	
湖西鄉	湖西村	大悲寺	1	天后宮	1	2	
湖西鄉	湖東村			聖帝廟	1	1	
湖西鄉	北寮村			保安宮	1	1	
湖西鄉	南寮村			保寧宮	1	1	
湖西鄉	菓葉村	靈法寺	1	聖帝廟、北極殿	2	3	
湖西鄉	龍門村	觀音宮	1	安良廟	1	2	

湖西鄉	西溪村	西泉寺	1	北極殿、忠勇侯廟	2	3	
湖西鄉	紅羅村	開鑾寺	1	北極殿	1	2	
湖西鄉	白坑村			玉聖殿	1	1	
湖西鄉	青螺村	聚善寺	1	眞武殿	1	2	
湖西鄉	太武村			玄靈殿	1	1	
湖西鄉	城北村	圓通寺	1	北極殿	1	2	
湖西鄉	許家村	港元寺	1	眞靈殿	1	2	
湖西鄉	鼎港村			永安宮、開帝殿	2	2	
湖西鄉	尖山村			顯濟殿、有應廟	2	2	
湖西鄉	隘門村			三聖殿	1	1	
湖西鄉	林投村			鳳凰殿	1	1	
湖西鄉	潭邊村	愛蓮寺	1	東明宮、水仙宮	2	3	
湖西鄉	中西村			代天宮、代天宮	2	2	一在西寮 一在中寮
湖西鄉	沙港村			廣聖殿、北極殿	2	2	
湖西鄉	東石村			泰靈殿	1	1	
湖西鄉	成功村			天軍殿	1	1	
湖西鄉	計		9		29	38	
白沙鄉	中屯村			永安宮	1	1	

白沙鄉	講美村			龍德宮、保安宮、靈應廟	3	3	
白沙鄉	城前村			明新宮	1	1	
白沙鄉	鎮海村			福安宮	1	1	
白沙鄉	港子村	衆安寺	1	保定宮	1	2	
白沙鄉	岐頭村			鳳儀宮	1	1	
白沙鄉	小赤村			蜩鳴宮	1	1	
白沙鄉	赤崁村			龍德宮、文衡聖帝廟	2	2	
白沙鄉	瓦硐村			武聖廟、南天宮	2	2	
白沙鄉	後寮村			威靈宮	1	1	
白沙鄉	通梁村			保安宮	1	1	
白沙鄉	吉貝村	觀音寺	1	武聖殿	1	2	
白沙鄉	員貝村			龍興宮	1	1	
白沙鄉	鳥嶼村	玉嵐寺	1	福德宮	1	2	
白沙鄉	大倉村			水仙宮	1	1	
白沙鄉	計		3		19	22	
西嶼鄉	小門村			震義宮	1	1	
西嶼鄉	竹灣村			大義宮、大德廟、上帝廟	3	3	

西嶼鄉	合界村			威揚宮、龍慶宮、良君廟、福德廟	4	4	
西嶼鄉	橫礁村			五天宮	1	1	
西嶼鄉	大池村			治安宮	1	1	
西嶼鄉	二崁村			二興宮	1	1	
西嶼鄉	池東村	西峰寺	1	玄鎮宮	1	2	
西嶼鄉	池西村			關帝廟、西中堂、福德宮	3	3	
西嶼鄉	赤馬村	西嚴寺	1	李王廟	1	2	
西嶼鄉	內垵村			池王廟、相公宮、夫人媽宮、濟安宮	4	4	
西嶼鄉	外垵村	慈航寺	1	溫王廟、姑娘媽廟	2	3	
西嶼鄉	計		3		22	25	
望安鄉	東安村			仙史宮、中宮廟	2	2	
望安鄉	西安村			天后宮、后寮宮	2	2	
望安鄉	水垵村			李王宮	1	1	
望安鄉	將軍村			將軍廟、永安宮、天后宮	3	3	

望安鄉	中社村			五府千歲廟、公祖廟	2	2	
望安鄉	東坪村			蕭府廟	1	1	
望安鄉	西坪村			華娘廟	1	1	
望安鄉	東吉村			啓明宮	1	1	
望安鄉	花嶼村			天湖宮	1	1	
望安鄉	計				14	14	
七美鄉	海豐村			吳府宮	1	1	
七美鄉	中和村			黃德宮	1	1	
七美鄉	東湖村			城隍廟	1	1	
七美鄉	西湖村	玉蓮寺	1			1	
七美鄉	計		1		3	4	
全縣	總計		31		134	165	

七十六年度全省登記有案的寺廟有七千六百八十五座，澎湖的寺廟占總數的百分之二・一四強。而澎湖土地面積一二六・八六四二平方公里，僅占臺灣地區總面積的百分之○・三五。

是年十二月底統計，全縣人口九萬九千零六人，約占全省總人口一千五百六十九萬二千七百一十五人的百分之○・六三，而有如此多數的寺廟，可以說是寺廟密度相當高的縣份。寺廟建築的壯麗與地方經濟狀況並不十分相稱，例如桶盤島面積只有〇・三四三九平方公里，住戶僅六十一戶，人口只有三百七十八人，卻於六十四年籌資新臺幣一千多萬元翻新一座「福海宮」，此廟規模龐大，在小小的村落中顯得十分突出。它的建築費用，平均每一戶需要分擔一十八萬六千元。實在是相當大的手筆。

澎湖較大的廟宇，幾乎都已翻修一新，建築費用大多由旅外同鄉及居民共同負擔，或由轄內漁船就漁獲中捐獻，大家出錢、出力，修建廟宇，許多原是平房的小廟，亦已改建成二、三層樓的大廟。茲將七十二年三月抽樣調查該縣新建廟宇之經費籌措情形所得結果列表於後：

表二

資料所屬時間：民國七十二年三月

新建寺廟名稱	旅外同鄉捐獻	轄內漁船捐獻	家戶捐獻	總工程費	備考
馬公市山水里 上帝廟	(新臺幣) 一四〇萬元	(新臺幣) 七八〇萬元	(新臺幣) 八〇萬元	(新臺幣) 一、〇〇〇萬元	一、漁船每月，每艘，大船捐一千元，中船捐八百元，小船捐七百元。 二、家戶係自由樂捐，無分攤情事。
湖西鄉林投村 鳳凰殿	六〇〇萬元		八三〇萬元	一、四三〇萬元	一、該村無漁船。 二、由家戶自由樂捐。
白沙鄉赤崁村 龍德宮	二〇〇萬三千元	二五〇萬元	三〇〇萬元	七五〇萬三千元	漁船、家戶均自由樂捐。

西嶼鄉竹灣村 大義宮	三〇〇萬元	八〇萬元	三三〇萬元	一、六〇〇萬元（其中九〇〇萬元係外縣市信徒所捐獻）	未採分攤方式，皆自由樂捐。
西嶼鄉赤馬村 李王廟	七〇〇萬元	一五〇萬元	一五〇萬元	一、〇〇〇萬元	一、含農作物收益捐獻。 二、漁船以每季收入之〇・一至〇・三作爲捐獻之用。 三、民衆義務勞動，以工資代作捐獻。 四、家戶自由樂捐。

二、祀奉的神佛

澎湖民衆自古以來以海爲田，莫不祈求海上平安，元、明、清三代，對媽祖之崇敬最盛，澎湖天后宮是全台最早創建之媽祖宮，原名娘媽宮，相傳建於明代或更早。其次，關公廣受民間的崇拜，尤以澎湖古來屢駐大軍，更受軍人的祭祀，明、清兩代祭拜最盛。早期的移民，漁民居多，中國道士或信徒渡海時多奉迎「王爺」「千歲」隨船，藉以保祐海路平安，或安居後免遭瘟疫，到澎後紛紛建廟，以爲「當境守護神」，更由於乩童的渲染「迎王」的盛行，新的「王爺」不斷的出現，王爺廟更多，有後來居上之勢。玄天上帝的崇拜亦頗盛行，此可能因玄天上帝大多採用乩童，顯示其神威，信徒認爲頗有靈驗有關。此外，亦有奉祀其他自然、亡靈、庶物崇拜及神話人物神祇者，茲將各寺廟所供奉之主神分類臚列如左：

供奉主神	供奉寺廟數目	寺廟名稱
觀音菩薩	20	馬公市中興里觀音亭、長安里澄源堂、坤儀堂、太和堂、光復里法界寺、鎖港里坤元寺、虎井里大音宮、湖西鄉龍門村觀音宮、西溪村西泉寺、青螺村聚善寺、許家村港元寺、潭邊村愛蓮寺、紅羅村開鑾寺、湖西村大悲寺、白沙鄉吉貝村觀音寺、鳥嶼村玉嵐寺、西嶼鄉池東村西峰寺、赤馬村西巖寺、外垵村慈航寺、七美鄉西湖村玉蓮寺
關聖帝君（文衡大帝、關聖帝）	17	馬公市復興里銅山館、朝陽里武聖廟、光復里一新社、西文里聖眞寶殿、烏崁里靖海宮、湖西鄉湖東村聖帝殿、菓葉村聖帝廟、白沙鄉港子村保定宮、瓦硐村武聖殿、瓦硐村南天宮、吉貝村武聖殿、中屯村永安宮、城前村明新宮、赤崁村文衡聖帝廟、西嶼鄉池西村關帝廟、合界村龍慶宮、竹灣村大義宮。
玄天上帝（眞武大帝、開天仙帝）	16	馬公市啓明里北極殿、西衛里宸威殿、井垵里上帝廟、案山里北極殿、鎖港里北極殿、山水里上帝廟、湖西鄉鼎灣村永安宮、開帝殿、菓葉村北極殿、西溪村北極殿、紅羅村北極殿、青螺村眞武殿、城北村北極殿、沙港村北極殿、西嶼鄉大池村治安宮、竹灣村上帝廟
釋迦牟尼（釋迦佛祖）	9	馬公市朝陽里潮音寺、菩提寺、安宅里彌陀寺、東文里明見寺、嵵裡里普德寺、光明里信願寺、湖西鄉菓葉村靈法寺、城北村圓通寺、白沙鄉港子村衆安寺

朱府王爺（朱王爺）	7	馬公市長安里北辰宮、光榮里靈光殿、菜園里東安宮、前寮里朱王廟、石泉里朱王廟、興仁里懋靈殿、湖西鄉沙港村廣聖殿
天上聖母（媽祖）	6	馬公市長安里天后宮、中央里提標館、東衛里天后宮、湖西鄉湖西村天后宮、望安鄉西安村天后宮、將軍村天后宮
李府王爺（李王爺、李府將軍）	5	湖西鄉龍門村安良宮、西嶼鄉赤馬村李王廟、望安鄉將軍村將軍廟、花嶼村天湖宮、水垵村李王宮
溫府王爺（溫王爺）	5	馬公市東文里溫極殿、風櫃里溫王殿、白沙鄉小赤村蜩鳴宮、西嶼鄉小門村震義宮、外垵村溫王廟
蘇府王爺（蘇王爺、蘇府大神）	5	馬公市復興里海靈殿、光明里東鳳宮、桶盤里福海宮、白沙鄉岐頭村鳳儀宮、望安鄉東安村中宮廟
諸府千歲	5	湖西鄉太武村玄靈殿、東石村泰靈殿、湖西鄉中西村西寮代天宮、中西村中寮代天宮、望安鄉中社村五府千歲廟
福德正神	5	馬公市中央里景福祠、啓明里福德祠、西嶼鄉合界村福德廟、池東村玄鎮宮、池西村福德宮
保生大帝	5	馬公市五德里威靈宮、湖西鄉北寮村保安宮、南寮村保寧宮、許家村眞靈殿、白沙鄉後寮村威靈宮
水仙尊王（水仙大帝、水仙王）	4	馬公市中央里水仙宮、時裡里水仙宮、湖西鄉潭邊村水仙宮、白沙鄉大倉村水仙宮

哪吒太子	4	湖西鄉潭邊村東明宮、白沙鄉鎮海村福安宮、赤崁村龍德宮、員貝村龍興宮
城隍爺（城隍公）	3	馬公市重慶里城隍廟、西文里城隍廟、七美鄉東湖村城隍廟
池府王爺（池王爺）	3	馬公市重光里威靈殿、西嶼鄉合界村威揚宮、內垵村池王爺
吳府王爺（吳府千歲）	3	馬公市井垵里吳府殿、望安鄉西安村后寮宮、七美鄉海豐村吳府宮
三官大帝	2	馬公市陽明里三官殿、風櫃里流水亨通三官廟
清水祖師	2	馬公市西文里祖師官、鐵線里祖師廟
濟公活佛	1	馬公市興仁里濟公廟
阿彌陀佛	1	馬公市風櫃里風山寺
玉皇大帝	1	湖西鄉白坑村玉聖殿
五天聖帝	1	西嶼鄉橫礁村五天宮
玉皇公主	1	白沙鄉講美村龍德宮
孚祐帝祖	1	馬公市西衛里福善堂
顯濟靈王	1	湖西鄉尖山村顯濟殿
忠勇候	1	湖西鄉西溪村忠勇侯廟
趙公明	1	湖西鄉成功村天軍殿
天仙府大帝	1	馬公市中央里施公祠

周府王爺	1	馬公市安宅里周王廟
金府王爺	1	馬公市風櫃里德安宮
康府王爺	1	白沙鄉通梁村保安宮
岳府王爺	1	白沙鄉鳥嶼村福德宮
邱王爺	1	西嶼鄉二崁村二興宮
郝府王爺	1	望安鄉將軍村永安宮
徐府王爺	1	望安鄉東吉村啓明宮
蕭府王爺	1	望安鄉東坪村蕭府廟
萬府千歲	1	湖西鄉林投村鳳凰殿
金恩主	1	湖西鄉隘門村三聖殿
伍恩主公	1	望安鄉東安村仙史宮
伏魔大將軍	1	馬公市菜園里將軍廟
陰陽公	1	馬公市復興里陰陽堂
蕭府公祖	1	望安鄉中社村公祖廟
洪先生公	1	馬公市重慶里朝陽祠
眞君	1	西嶼鄉竹灣村大德廟
文相公	1	西嶼鄉內垵村相公宮
保生大帝、連元帥	1	白沙鄉講美村保安宮
臨水夫人、張元帥	1	白沙鄉講美村靈應廟

良君爺、土地公	1	西嶼鄉合界村良君廟
先生公	1	西嶼鄉池西村西中堂
夫人媽	1	西嶼鄉內垵村夫人媽宮
姑婆媽	1	西嶼鄉外垵村姑娘媽廟
柳星君	1	馬公市案山里柳星君祠
黃玉泰	1	七美鄉中和村黃德宮
武帥	1	望安鄉西坪村華娘廟
萬善爺	2	馬公市案山里萬善廟、西嶼鄉內垵村濟安宮
有應公	1	湖西鄉尖山村有應廟
合計	165	

從上表看，奉祀天上聖母爲主神的廟宇僅有六座，也許認爲澎湖人最崇敬媽祖值得懷疑，其實媽祖信仰幾乎與爲數衆多的漁民生活息息相關，他們的住宅以及賴爲生產工具的大小漁船上都供奉有媽祖，經常祭拜，祈求海上平安，故媽祖廟之多寡，似不十分重要了。

大小寺廟，除了主神（佛）之外，都供奉副神（佛），以祭祀三官大帝、玄天上帝、文衡聖君、水仙王、福德正神、媽祖、慈濟眞君、保生大帝、清水祖師、王爺、千歲、財神爺、註生娘娘、臨水夫人、孚祐帝君、哪吒太子、觀音佛祖、釋迦牟尼、準提菩薩、地藏王菩薩等爲副神（佛）者最多。較大的廟宇所祭祀的副神（佛）幾乎囊括了台灣所有民間神祇，以滿足民衆的各種信仰上的需求，但鄉村小廟宇則無此種情形。

如前述澎湖先民多數來自泉州，部分來自漳州。泉人先到，大多居住於澎湖本島及漁翁島。較後到的漳人集居於白沙島，少數散居於馬公市（位在澎湖本島）及漁翁島。望安、七美等離島，則爲最後遷來的移民所居住。因爲澎湖先民客家人甚少，所以無人供奉「三山國王」爲守護神，泉州府移民原籍多爲同安縣，故未如南安縣人之供奉「廣澤尊王」爲保國安民之神。至漳人群居之白沙島各廟宇並無以「開漳聖王」爲主、副神供奉，此與台灣本島凡是漳州人住的地方開漳聖王廟最多之情形有所不同。

澎湖除名聞全台之通梁大榕樹外，幾無較爲高大的樹木，民衆從不祭祀「大樹公」。群島鉅大的石頭頗多，但除馬公市菜園里將軍廟主神「伏魔大將軍」相傳乃「石頭公」演變而成及西嶼鄉竹灣村村民崇拜「石公」外，餘未聞有人奉「石頭公」。石敢當信仰卻很普遍。

三、具特殊意義廟宇選介

澎湖寺廟之多，所信奉的神佛之衆如上述，茲選介幾座具有特殊意義的廟宇如左：

㈠台地歷史最久之媽祖廟

台地歷史最久之媽祖廟爲澎湖天后宮，位在馬公市長安里正義路上，俗稱媽祖宮。明代稱媽祖娘宮、娘媽宮。此即馬公的原地名，創建年代無確定之記載，有人推測爲嘉靖四十二年（西元一五六三年）俞大猷剿倭勝利時擴建，另有一說謂萬曆二十年（西元一五九二年）明軍剿倭大勝時重建，但至遲應在萬曆三十二年（西元一六〇四年）以前所建，蓋決無疑義者（據董應舉崇相集選錄「與南二太公祖書」云：「有容方爲把總，得其通事撫之，作兵裝直抵天妃宮，折紅夷曰……」），確爲全台歷史最久之媽祖宮。清康熙二十二年（西元一六八三年）福建水師提督施琅，率水師攻台，擊敗鄭軍於澎湖，施氏以其取勝，全賴媽祖的顯靈護佑，乃奏准清帝加封，特派禮部郎中雅虎，專程來澎致祭。翌年（西元一六八四年）清帝遂加封媽祖爲天后，從此稱媽祖宮爲「天后宮」。雅虎祭文匾額至今仍然存留宮內。對媽祖廟之維護，自建廟至今將近四百年，均在原地加以整修，文獻記載該廟經清乾隆十五年（西元一七五〇年），澎湖廳通判何器、澎湖副將邱有章，改造後殿。乾隆五十七年（西元一七九二年）副將李南馨、遊擊羅光昭等捐修。嘉慶二十三年（西元一八一八年）通判陸寶、副將陳一凱等倡修。民國十二年地方士紳陳杜卿等倡修，共計重修四次。天后宮宏巍壯大，且具有古風，從建築架構上，可以發現許多古老的建築技術，屋簷下的樑柱雕刻、石鼓的雕琢、石刻窗檻、牆上的浮雕、殿內窗之作品，都呈現古樸而精細的面貌。正殿主祀媽祖，神座上懸有光緒御題「與天同功」匾，原匾於中法戰爭遭法軍劫掠，今匾乃事後仿製。正殿右側是節孝祠，供澎湖歷代節孝婦女神位。後進爲清風閣，「沈有容諭退紅毛番韋麻郎等」古碑原嵌在該閣右壁，現已移置於該閣樓上。相傳明延平王鄭成

●澎湖天后宮側面。

功於永曆十五年（西元一六六一年）率兵取台，路過澎湖時曾下榻於媽祖宮。嗣王鄭經於乃父薨逝後率軍從金廈來台，以後往返台灣、廈門間，均以媽祖宮為行轅。施琅攻取澎湖後亦曾宿於媽祖宮。廟貌因年久失修，破損不堪，政府乃委託台灣大學土木工程學研究所規劃，於七十二年撥款依原型原貌予以整修，共耗新台幣一千三百二十萬元，同年六月二十五日開工，於七十四年四月六日完工，同年五月十二日舉行修復工程落成典禮。該宮已列入國家一級古蹟。

●文澳城隍廟。

(二)二座規模頗大的城隍廟

澎湖城隍廟有二，皆在馬公市，一在西文里，一在重慶里。澎湖一城有二所城隍廟諒係鎮台衙前後建在兩地所致。

1文澳城隍廟（西文里城隍廟）

文澳曾為澎湖官署所在地，故文澳城隍廟的創建早則康熙三十年（西元一六九一年）前後，置巡檢司之後不久。至遲亦應在雍正十年（西元一七三二年）前後設廳置通判後不久，以備守土官履任時告祭之用。創建至今至少有兩百六十餘年之久。雖經數次整修，由現狀觀之，在歷次整修過程中改變不多，現仍呈現老舊面貌，廟前石鼓窗檻、屋頂的雕刻，古樸而精緻，城隍廟神龕頂上懸有一光緒御匾「功在捍衛」，

●澎湖城隍廟內之匾額。

中篆「光緒御筆之寶」，神龕兩邊懸有木質對聯一副，其文曰：「爲善必昌，爲善不昌，祖宗有餘殃，殃盡必昌；爲惡必滅，爲惡不滅，祖宗有餘德，德盡必滅。」以示因果循環之不謬，爲含有「勸善懲惡」之警句。

2 澎湖城隍廟

澎湖城隍廟在清代總鎭署之東，根據廟內碑記云：「澎湖故有城隍神廟，偏署之東，痺陋湫隘而囂塵。」乃乾隆四十四年（西元一七七九年）通判謝維祺所改建者，迄今已有二百十餘年之久。其間數度重建，至民國二十二年由地方士紳再次倡修，而成現狀。廟分三落，前落爲大門，二、三落爲神殿，東西有廂房，形成四合院。殿前有拜亭，正中懸有「威靈侯」匾額一方，大殿正中奉祀城隍爺。神龕上立有一匾，文爲「功存捍衛」，兩邊懸有木質對聯曰：「當日肆無忌，滅理壞倫，君何幹去？今朝悔已遲，披枷帶鎖，爾自惹來。」

東西兩室分別祀註生娘娘與臨水夫人，東邊廂房祀有註緣司、陰陽司、褒善司。西廂祀有註壽司、速報司、罰惡司。前落東西兩室分祀謝、范二將軍。進大門抬頭一看，有通判程邦基立匾二方，其文分別爲「你來了」「悔者遲」。在兩匾相對楣上則懸有一隻大算盤，兩邊有聯曰：「世事何須空計較；神天自有大乘除。」，令人有凜然警惕之感。

㈢祭祀誓死抵抗異族忠靈之三十人公廟

廟在白沙鄉之後寮村與瓦硐村之間的海邊。明天啓二年（西元一六二二年）荷將雷爾生率艦八艘，荷兵一千餘人入侵澎湖。當時因春汛已過，冬汛未到，澎湖無汛兵，於是安然登陸於風櫃尾。時有虎井島居民聚三十六人，駕舟迎擊，因寡不敵衆，均爲荷軍所殺，將其頭顱投擲於海，時值南風，首級乘風隨潮，分二堆漂至於此，被人發現，分東西兩處，就地埋葬，東墓六人，西墓三十人。里人建「南埔廟」以祀，俗稱三十人公廟。志載稱爲「北山義塚」，惟此處乃祭祀誓死抵抗異族忠靈之廟。現在廟內有一副木製對聯，冠以「三」「十」兩字。聯爲：「三軍用命殉邦國；十世尊神建廟堂。」其入口處額曰：「南埔廟」，配對聯是：「南望滄溟驚豹變；埔留廟宇威神靈。」

㈣奉祀無嗣官民幽魂的陰陽堂

今之陰陽堂在天后宮西邊，日據時期憲兵隊原址旁邊。原陰陽堂於清道光年間建於暗澳（文澳）海防廳之右側。歷任官吏在職中亡故而無後嗣者祀於斯。現存牌位有通判饒廷錫（同治

●馬公市復興里陰陽堂。

十年即西元一八七一年任職，於同治十二年即西元一八七三年在職亡故）、唐世永（光緒元年即西元一八七五年任職，光緒五年再任通判）兩位。其他民間失祀之男女幽魂亦集祀於此。至光緒十三年（西元一八八七年）（按：廟內原碑誤記為咸豐年間）總兵吳宏洛蒞澎湖統轄軍隊，請旨將該堂遷建在媽宮天后宮西側海防廳傍之現址。日人據澎後將海防廳改為憲兵隊，但陰陽堂因神靈赫濯，香火旺盛，仍予保留，並彫刻白衣吉神為主神。至民國五十八年（西元一九六九年）重修，環境一新，參詣者不絕。

㈤清代班兵會館演變而成的銅山館與提標館

清代澎湖班兵來自水提、海壇、南澳、閩安等四標，烽火門、銅山兩營者，各有私館，名為祀神，實則類似同鄉會館的「同袍會館」。依澎湖廳志武備略記載，僅水提、銅山、南澳、閩安四標，各有私館，餘未提及。惟余光弘（出生於澎湖，現任職於中央研究院民族研究所）與劉肖洵兩位先生根據有關文獻推斷上述四標兩營均建有以其所屬部隊為主之私館（見二氏合著之〈澎湖馬公廟館的初步研究〉《思與言》第十八卷第三期）。上述私館現尚存者，僅銅山與提標兩館，均登記為道教廟宇。

銅山館位於馬公市民族路與仁愛路西邊交叉處。該館原在協署西邊之演武廳側二進，乾隆三十三年（西元一七六八年）協鎮許德再予增建，光緒三年（西元一八七七年）協鎮吳奇勳再重修。現在館屋係光復後重修者，為廟宇式建築物，內奉祀關聖帝君。

提標館位於中山路一家卡拉ＯＫ店之樓上，為水提標之私館。奉祀媽祖，每年由爐主做頭，聚集歡宴一次。

參 善堂

清咸豐三年六月初三日，地方有心人爲禱天消災與匡正人心，招集文人學士在馬公成立一社團，名曰「普勸社」，以宣講聖諭，普遍勸人行善爲宗旨，此乃澎湖善堂的嚆矢。可謂一種集宗教宣導、社會教育、社會救助的混合組織。

澎湖各廟宇大都有善堂組織，當地的善男信女，競相入堂，稱為「入善堂」。善堂可謂一種集宗教宣導、社會教育、社會救助的混合組織。清咸豐三年（西元一八五三年）六月初三日，地方有心人為禱天消災與匡正人心，招集文人學士在媽宮（今之馬公市）成立一社團，名曰「普勸社」，以宣講聖諭，普遍勸人行善為宗旨。此乃澎湖善堂的嚆矢。該社奉祀南天文衡聖帝（關聖帝君），及太醫院慈濟眞君（許遜）牌位，初設木筆沙盤，請神降乩示事。為全台鸞務的開基。關於扶乩飛鸞之起源，據許地山先生說：乃古代占卜法演變而來。同治十一年（西元一八七二年）地方士紳許棼、黃濟時、高攀等，為期堅固宣講基礎，特具文上稟澎湖廳通判，獲准公告諭示民眾在宣講期，必須往聽，並應遵守秩序，不得喧嘩，阻人聽講，違者按律懲罰。而宣講生，即取文學、口才兼優之樂善向道者，分組輪流，於晴天月夜，到各村里廟前，代天宣化，講因果，說報應，藉以喚醒民心，共趨正道。由是澎湖宣講之風大盛，一時改惡從善者甚多，地方獲益甚大。此時的「普勸社」可以說是文人箕壇與宣講制度的會合體，著重於宣講聖諭和勸人廣行善事，宗教意味較為淡薄，係注重社會教育，以濟王法之不足。

●台地鸞務之開基「一新社」。

光緒十年（西元一八八四年）中法戰爭之後，地方未靖，而講生又大半已作古，社務暫停。十三年（西元一八八七年）正月十三日，地方士紳林介仁出而提倡復興宣講，將普勸社改稱「一新社」，蓋取尙書「舊染汚俗，咸與維新」之義。從此煥然一新，使人一一去邪從正，革故鼎新，翌年二月該社爲弘揚宣講再呈准通判告示，又諭民衆，切實遵行聽講，俾能改過修身，自是益收宏效。

十七年（西元一八九一年）地方善士咸集，共襄美舉，借媽宮育嬰堂設壇。先奉慈濟眞君（神像由蘇清景從福建泉州府馬巷廳請來，相傳蘇清景於泉州公善社看到扶鸞並著有《覺世新新》一部八本善書，思效法，乃奉神像返澎。）復增祀文衡聖帝聖像及三教祖師牌位，於是年三月十五日開堂濟世，額曰：「樂善堂」，林介仁任第一任管理人兼堂主，自同年六月初六日起，迎鸞著造《覺悟選新》，爲全台首著第一部善書，頒行該書勸世後，堂生各遵神訓，諸惡莫作，衆善奉行，或修橋造路，捨藥施茶，或濟困扶危，矜孤恤寡，又放生靈，拾字紙，施棺木，造涼亭，並設育嬰院，收養孤兒，倡立義塾，栽培子弟，他如代祭無主墳墓，復埋枯骨等，各種善事，俱樂而行之，所謂樂善堂，眞名符其實也。本來樂善堂鸞務主內，專爲「著書」與「濟世」，而一新社仍然主外，專行「宣講」與「救濟」，雖分兩部門作業，其實社堂一體。實際運行結果，一新社樂善堂不但眞正成爲一宗教組織，同時亦爲社會教育及社會救助的組織。對地方的教化及社會的安定貢獻良多。

二十一年（西元一八九五年）日軍侵犯澎湖，地方遭受兵燹，社壇遷移文澳（今之馬公市西文里），至中秋後，再搬回媽宮，因原址不適，乃改借城外「澄源堂」爲鸞壇，續行扶乩濟世，宣講化人，二十七年（西元一九〇一年、日明治三十四年）五月十五日，因一新社諸人到城隍廟，「申請」爲澎民救改鴉片煙毒，澎境主靈應侯方乃在該壇降詩曰：「鴉片毒煙害不輕，荒工廢事失經營；有心世道除民患，恩准開壇在此行。」並諭略以：轉求南天文衡聖帝關恩主，乞早臨澎救改，已蒙允准。五月十六日，南天恩主文衡聖帝降詩曰：「關心鴉片一膏

●啓明里北極殿善堂鸞壇扶乩情形。

煙，最害人間盡了錢；聖駕來斯除弊病，大家總要寸心堅。」並諭略以：年來在台灣本島，藉善堂之鸞筆，顯機施術，救改鴉煙，頗收靈驗，使人人共脫苦海，得安居樂業。茲一新社諸生，聞知此情，恭請余速速回殿，爲澎民救改鴉片，余甚喜之。願大家竭力效勞鸞務，宏揚聖教，余另日自有吩示。五月二十九日，境主靈應侯方復降詩諭，公布戒除鴉片條例六則，希大家遵守，設置符、沙、甘露水供戒煙者服用。嗣後南天恩主文衡聖帝亦屢次乩示救改鴉片煙毒之法。地方傳說關聖帝君、許眞君二恩主大顯神通，勅賜甘露水，爲人改除吸食鴉片的陋習，並療各種痼疾，有求必應，一時轟動全澎，各鄉社紛紛抬轎前來求甘露水，取回供民衆飲用，改除鴉片煙毒，聞靈驗異常，於是亦設善堂，廣行宣講，繼設鸞堂多處，甚至流傳至本省其他地方。

以上所述乃澎湖善堂及鸞壇設立之沿革，茲將善堂的職能略述於後：

一、設立鸞壇作爲神人交通的管道

善堂大多設有鸞壇，一般稱之爲鸞堂，又稱鸞門、聖堂、聖門、儒門，或稱儒宗神教、儒

●澎湖觀音亭善堂鸞壇。

宗聖教、儒宗鸞教等，指以儒爲宗，以神爲教，在宗教活動上，主要是扶乩飛鸞，以桃柳仿彫鸞狀爲筆，由正鸞生執筆，任由神靈揮毫題字於沙盤，以傳眞神意而化人，藉此闡明眞理，提醒人心，棄惡從善，提倡正信，而使人歸正道。據云：本來廟宇所屬之善堂才有鸞壇，但現在佛寺亦設鸞壇，民間信仰儒道釋混合情形，由此可見。

關於台灣民間鸞堂儒宗神教的來源、組織、儀式、活動等，林永根先生所著〈鸞門暨台灣聖堂著作之善書經懺考〉及鄭志明先生所著《台灣民間宗教論集（台灣民間鸞堂儒宗神教的宗教體系初探）》中已有很詳盡的敍述，此處僅就他們兩位未提及或與他們所敍稍有不同者，略述數點於次：

1.鸞堂組織隨著時代的不同有若干的變更，茲將澎湖成立最早的一新社樂善堂組織及民國五十八年成立之三官殿自新社三善堂組織臚列於後：

(1)一新社樂善堂組織

創堂時，因司全縣性的宣講工作，故組織甚大，設董事兼堂主、知客生、正鸞生、幫鸞生、副鸞生、唱鸞生、錄鸞生、迎禮生、行禮生、謄錄生、請鸞生、効用生、督講生、司講生、宣講生、助講生等。現已不再作全縣性宣講工作，組織較小，僅設堂主、副堂主、正鸞生、副鸞生、唱鸞生、錄鸞生、請鸞生、司香進茶生、効勞生、宣講生等而已。

(2)自新社三善堂組織

設正堂主、副堂主、總理堂務、督理堂務、監理堂務、副監理堂務、副總董事、協理堂務、佐理堂務、正鸞生、副鸞生、總校正生、督唱錄生、唱鸞生、錄鸞生、謄錄生、司香進茶生、司香迎送生、効勞生、宣講生等。

從上列組織，可得知有兩種現象：其一：澎湖善堂的組織，舊有者由於機能縮小，由繁而簡，而新設者由簡而繁，其原因可能係入堂者日衆，而且參與意願較前爲高，爲了堂務發展及滿足成員的參與意願，乃盡量分派適當職務，以維繫其向心力。其二：組織隨實際需要而適當調整，一新社樂善堂成立時，必須派人到澎湖各地宣講，乃有督講生、宣講生、助講生等之設置，後不再作是項工作，已裁去督講生、助講生等。自新社僅在堂內對信徒宣講，所以自始即僅設宣講生。

2.鸞生的職務分配，大都配合其人之專長。凡志願入堂効勞者，稱爲鸞生。通常識字者可充正鸞、錄鸞、唱鸞等，不識字者可充副鸞、請鸞等，口才良好者可充宣講，善於文字者可充錄鸞，依適才適用原則擬派適當職務，然後，「稟報」神明核派，據說神明所指示的大都合於人意。

●闔澎三官廟善堂鸞壇扶乩飛鸞。

3.正鸞爲鸞壇的靈魂，心須選擇品德端正，體格強壯者，而不拘學識如何。有時甚至爲取信信徒，故意選擇不識字者充任。獲選之人必須具有堅定的信心，強烈的學習興趣，才能學成，但往往雖具有上述條件仍不能學成。有人認爲這是與神無緣所致，但大多認爲「元靈」比較弱，八字輕者易訓練成功，而「元靈」強八字硬，或帶「魁公」者不易訓練成功。正鸞人選通常由堂主推荐，立誓受訓成功後，願終身爲神効勞，須經過七七，四十九天的訓練。由本廟主神「上稟金闕」，頒發開訓日期，並指定「教鸞童子」（傳說「南天」有一「教鸞團」）。隨即安置教鸞童子的神位，開始訓練，受訓期間要持齋吃素，但並不閉關，白天照常工作，晚間不得回家，必須前往寺廟內學習靜坐、唸咒、讀經，務必清心寡慾，清除濁氣，上天的神靈才會降臨，快者一週，神靈就會投其身，慢者半年才會投身，原則上訓練半年不成功，則予放棄，否則會神經失常。正鸞若不守堂規（例如喝酒），會遭神處罰，而以桃枝柳筆自擊頭部。

4.澎湖的信徒對於正鸞生之要求較嚴，咸認正鸞必須進入無意識狀態，神靈才會投入其身，傳達神旨。如正鸞意識尚爲清醒，難免加入自己意見，假傳神旨，僞言惑衆。故以信徒在正鸞背後，口中默念請示事項，而正鸞能飛鸞正確示復信徒所請示之迷津視爲眞正的神之替身。可是現在能夠百分之百的做到如此的已經很少了。

●海靈殿管理人督導善堂堂務。

5.扶鸞的儀式與台灣本島大體相同。不大相同者為澎湖鸞壇的請神咒大都使用左咒：

謹請本壇諸猛將　列位金剛兩豎尊
鎮天眞武大將軍　五部一切響如雷
普賢眞人大菩薩　三大金剛下玄壇
觀音水火威顯現　四洲九道展神通
東海泰山同下降　硃砂符印攝升堂
金闕帝君五大聲　八大金剛六天王
香山雪山二大聖　金硃銀硃讀書郎
都天元帥統天兵　哪吒殺鬼救萬人
三大尊佛同下降　十二哪吒降道壇
弟子壇前一心專拜請
拜請　本殿（堂）列位神聖　來扶乩
○○　○　○○○○
神兵火急如律令　急急如律令

6.各堂均定有堂規，勸人棄惡從善，修身養性，克己復禮，立德於世。澎湖的堂規具體易懂，少陳腔濫調，茲列示一二於後：

(3)一新社樂善堂堂規

一、凡堂生，宜敦五倫，行八字，諸惡莫作，衆善奉行，以端一生行誼，方堪垂為榜樣。

二、凡堂生，宜尊五美，屏四惡，誦法是書之外，不可誤染邪教。可將　列聖之覺世眞經、感應篇文，時時盥誦，實力奉行。期無負列聖教誡之苦心。其他左道異端，概宜屏絕。

三、凡堂生、執事人等，宜修身檢察。而洋煙誤人不淺，犯者須設法急除，方好對神對人；不可仍循舊轍，違者等於不孝。

四、凡堂生，賭博宜警省。不可視為無關。雖輸贏無幾，而傾家最易。切莫謂新正無妨，實為厲之階也。

五、凡堂內諸執事，在壇前効勞，務必小心虔誠，衣冠潔淨。不可奉行故事，以犯神規。

六、凡堂生，所有出言、宜防口過，不得談人閨閫，播弄是非。亦不可輕佻戲謔。蓋戲謔即侮慢之漸也。

七、凡堂生，善則相勸，過則相規。務須忠告時聞。不得背後私議。至於外人之過惡，與我無關者，絕口不談，可也。

八、凡堂生，所犯過失，有人密相告者，應當喜悅，不可諱疾忌醫。但良友相規，亦須於無人之時，剴切密語。不可在人前，當面搶白，自己沽直，而使人臉上難堪也。

九、凡堂生，務須以和爲貴。不得外托愉容，而心存不滿。使睚眦小過，積久而成怨對（懟）。

十、凡堂生，宜各勤本業。若無事之時，宜講究善事，善文。不得聚群結黨，妄說非禮之言。

十一、凡酣酒漁色等事，堂中雖無其事，亦須時有警覺。有則改之，無則加勉。

十二、堂內掌賬之人，逐月於費用外，尚剩若干文，務須照錄標出，以杜旁議，方能行之久遠。

十三、凡堂生，務必長幼有序，尊卑有別。不得以少凌長，亦不得以上傲下。

十四、宣講必須擇篇而講。或談因果報應，或說子臣弟友，要言使人易曉，不得高談元妙，使愚蒙莫知所從。

十五、凡社中、堂中有要事，宜公同斟酌，以衷諸一是。不得挾一己之私，偏見自專。

十六、凡社中、堂中，辦公人等，宜實心行實事。不得假公行私，因私廢公。尤要持之有恆，不得始勤終惰。

右堂規十六則，宜標出堂中，與諸生時時檢點。如不照此而行。違一則者，記過十次。如所犯洋煙，不能一旦除盡，宜須立心改去。則遲數月，亦不加罪。如一年之內，仍行故態者，罪加十倍。各宜收視返觀，內自省焉可也。

此諭：

(4)自新社三善堂堂規

一、凡入本堂之善信，必須隨願立誓，遵從聖訓，不可中途而廢，有始有終。

二、入堂後切須謹記，善堂乃是聖地，不可任意喧嘩，保持靜肅。

三、本堂善信：男以遵忠、孝、仁、愛、信、義、和、平（八德），及禮、義、廉、恥（四維）。女以守三從（在家從父、出嫁從夫、夫亡從子），四德（婦德、婦言、婦工、婦容）。

四、本堂善信：須存敬老尊賢之心，不得有重富欺貧之念。

五、本堂善信：必以兄弟姊妹之情相處，若有急難之時，必相互慰之。

六、本堂善信：不論在家或外出，必要謹慎言行，切戒口過，認眞研究道理。

七、本堂善信：必心存惻隱，慈悲爲懷，濟困扶危，隨緣施捨，守望相助。

八、本堂善信：必以克己待人，代天宣化，善渡衆生，以身作則，挽轉頹風爲己任。

九、以上各款爲本堂堂規，若有違背不遵者，由本堂正副主席及堂中聖神聖裁，願吾善信共同凜遵之。

二、著造善書、弘揚聖理、勸人行善、代天宣化

鸞堂除定期開壇，供信徒請示神明指示迷津外，最重要的任務是著造善書。澎湖鸞堂著造善書大略要經過下列各種程序：

1.由玉皇天尊「頒旨」賜著善書。善書書名、開著時日、完成日期，均由天尊頒示。

2.聘派神明擔任著造善書的職務，有本殿的神明，亦有外界的神祇，茲列舉一二於左：

(1)澎湖一新社樂善堂著造全台第一部

善書《覺悟選新》列聖尊號

奉旨飛鸞主教主講一新社監理樂善堂著造正主席南天文衡聖帝勅封翊漢大天尊關

奉旨飛鸞闡教主講一新社掌理樂善堂著撰(原文)副主席太醫院慈濟眞君勅封博施天尊許

奉旨飛鸞宣教協著新書南宮孚佑帝祖妙道天尊呂

奉旨飛鸞啓教輔佐新書九天司命眞君護宅天尊張

奉旨著造監壇勅封迦邏尊使護衛大天君廖

奉旨著造監壇勅封普賢尊使護衛大天君馬

奉旨著造掌理壇務兼主功過司勅封靈應侯澎湖境主城隍方

奉旨著造督理鸞務兼馳騁南天駕前 關太子 周將軍

奉旨著造督理鸞務兼馳騁太醫院駕前 執旗童子 執劍童子

奉者著造執掌鸞務兼通報司 張元帥 趙元帥

奉旨著造掌理鸞務兼通報司 高元帥 馬元帥

奉旨著造內外供役司禮神本澎福德祠福德正

神陶
奉命著造監鸞使者何
奉命著造走堂使者何

(2)澎湖三官殿自新社三善堂著造善書《三善寶律》列聖尊號

奉旨飛鸞主教督造新書南天文衡聖帝翊漢天尊關
奉旨飛鸞闡化監造新書南宮孚祐帝祖妙道天尊呂
奉旨飛鸞啓化輔佐新書九天司命眞君護宅天尊張
奉旨飛鸞宣化協贊新書太醫院慈濟眞君博施天尊許
奉旨著造正主席澎湖三官殿天官大帝
奉旨著造副主席澎湖三官殿地官大帝
奉旨著造副主席澎湖三官殿水官大帝
奉旨著造鑒（監？）督鸞壇執理堂務本堂眞武大帝魏
奉旨著造督理鸞壇協理堂務本堂眞武大帝張
奉旨著造司理施方濟世本堂文衡聖帝周
奉旨著造執掌功過司本堂觀音佛祖許
奉旨著造督理堂務本堂註生娘娘洪
奉旨著造正馳騁本堂哪吒太子金
奉旨著造正馳騁本堂哪吒太子毛
奉旨著造副馳騁本堂文王朱
奉旨著造副馳騁本堂武王黃
奉命內外供役司禮神本堂福德正神歐
奉命內外把門司本堂執印劍二童子

兩相比較，所聘派的神明不一，同一神明所擔任的職務亦異。而如三官殿自新社三善堂卻有同一神明而姓不同者，此乃台地民間信仰，認爲神明均在上天，各廟宇所供奉的神像，乃派生前品德優良，功在國家社稷者爲神，執行其職務，故該廟既供奉眞武大帝神像。哪吒太子神像各兩尊，自各派兩人擔任其職，並不爲怪云。

3.鸞生所任的職務已在鸞堂組織內提及，此處不再贅述。

4.著造善書期間各方神聖、菩薩、仙人、眞人會臨壇飛鸞，或詩，或文，頒發教言，勸人爲善。

5.神、佛聖訓透過正、副鸞生以桃柳木筆在沙盤降乩，由唱鸞生唱出字面，由錄鸞生記錄，再經謄錄生整理後，最後由總校正生愼重校正，定案後付梓，成爲善書。

6.善書者造完成後要舉行盛大的告竣典禮，書寫疏文二份，一份上稟玉皇天尊，一份呈南天恩主文衡聖帝，其內容大意是說：奉旨著造之善書，本堂於某年某月某日開著，某年某月某日完竣，書名曰○○○○分○冊，並附効勞者名冊請鑒核。善書印刷完畢尙須繳旨，並將善書以各種不同色紙包裝好（按以澎湖三官殿自新社爲例：善書之包裝紙：呈玉皇天尊者用黃色，呈南天文衡聖帝者用紅色，呈孚佑帝君者用紫色，呈慈濟眞君者用青色，呈九天司命眞君者用草綠色，呈十殿冥王者用柿黃色，呈幽冥教主者用粉紅色，呈本境城隍境主者用黑色，呈本殿正副主席（三官大帝）者用淺藍色。）一同焚化，表示已呈報上天及有關各位神明備查。

7.印刷善書所需的經費均由堂生自由樂捐，不對外募捐，此乃澎湖鸞堂與台灣本島鸞堂顯然不同之點，所著善書除焚化呈上有關神明及分贈各界外，餘分發善男信女誦讀，修身養性，積極行善。

8.如堂生所捐的經費除著造善書外，尙有剩餘，則建醮答謝神恩。

澎湖不但爲台地鸞堂的開基地，且一新社樂善堂所著造的《覺悟選新》一書爲台灣首次扶鸞著作的善書，各地鸞堂所出版的善書甚多，舉其較早者有馬公市石泉里顯威殿日新社養善堂的《濟世金丹》（光緒二五年、西元一八九九年）、馬公市西衛里金龍殿極妙社新善堂（現已改名妙新社福善堂）的《濟民寶筏》、湖西鄉紅羅村集會所向善堂的《化俗新編》、湖西鄉紅羅村開鑾寺養性堂的《醒悟新書》、湖西鄉龍門村安良廟友善堂的《濟世慈航》（均於光緒二七年、西元一九〇一年著作完成）、湖西鄉菓葉村聖帝廟陳善社存養堂的《醒世金鐘》、馬公市西

●海靈殿女堂生在堂上聆聽宣講。

文里聖眞寶殿歸化社從善堂的《獄案金篇》（均於光緒二八年、西元一九〇二年著作完成）等。筆者依林永根先生所調查的資料（按：林永根《鸞門暨台灣聖堂著作之善書經懺考》《台中、聖德雜誌社、民國七十一年十一月》頁三三—八二。）統計台地在民國三十四年以前所出版的善書，計有一百零二部，其中四十五部係澎湖寺廟善堂所出版，占總數的百分之四十四。如果統計自民國三十五年起至七十一年元月止出版的善書，計有四百九十部，其中七十八部爲澎湖善堂所出版，占總數的百分之二十弱。如統計自民前二十一年起民國七十一年元月止台地出版的善書總數目，共有五百九十二部，其中澎湖善堂出版者有一百二十三部，占總數的百分之二十一弱。以台地百分之〇・三五的面積，百分之〇・六三的人口，百分之二・一四的寺廟數來出版這麼多的善書，可見澎湖鸞壇如何重視善書勸善的功能。

各善堂除鸞壇著作善書外，例於堂上對善男信女宣講善書。宣講生大多派品端德優，口才良好者擔任，鄭重宣講，不得草率從事，雖今日社會教育頗爲發達，但此種基於宗教信仰所施行的宣化工作，仍能獲得多數民衆的重視，聽衆頗多，對地方善良風俗的維持，幫助甚大。

三、組織慈善會積極行善

澎湖善堂的堂生熱心行善，由來已久，一新社樂善堂堂生早已從事修橋、鋪路、捨藥、施茶、濟困、扶厄、矜孤、恤寡、救生靈、拾字紙、施棺木、造涼亭、設育嬰堂、立義塾等工作。現在各地善堂仍繼承這種優良傳統，組織慈善會積極行善，茲以三官殿自新社三善堂組織慈善會行善經過爲例說明慈善會的活動情形。

1.民國六十三年甲寅年花月（二月）初七宵南天聖主乩示：派胡其所爲三善堂慈善會名譽會長、黃科爲名譽副會長、朱添仁、黃豁然、林興旺、張孫立爲名譽顧問；鄭中和、劉添土、呂龍盤、張松村、王晚來、黃文波、鄭金生爲籌備生，於是各人積極籌備該堂慈善會。

2.民國六十三年甲寅年花月念四宵護駕將軍關降詩曰：

伴隨父駕出南天　到達自新近海邊
喜訊良宵逢吉刻　慈善會成候壇前

南天文衡聖帝降詩曰：

正氣無私大道行　心內貫徹慈博名
修養齊家世業亨　身挺仁聞善服成
克充忠孝慰蒼生　已知榮譽空傳聲
慈悲奮起雲萬程　善德宣佈顯聖明

同日酉時南天文衡聖帝關降諭：派劉添土爲自新社三善堂慈善會會長、王晚來爲副會長、呂秀吉爲帳務總理、鄭中和爲會務總督理、李榮華爲會務總理、呂龍盤爲總審查、黃文波爲副總督理、王順前、張松村、莊合美、楊庚寅、林清宇爲審查生、吳董不、高王笑市、范素娥爲女審查生。並以花月丁巳日爲慈善會正式成立之日。每年此日應開會報告成果，並檢討得失，以資改進。

3.由於政府對於列爲低收入戶者已經常照顧，故該會平時救濟項目，原則上定爲急難救濟，發給醫藥或喪葬救濟金，凡經村里幹事或堂友報告，或經報章登載家庭發生變故，需要急救者，均予救濟。

4.救濟對象，原則上定爲本縣縣民，但其他縣市民衆遭遇不幸，申請急救者，函請其現住地鄉鎭市公所派村里幹事查實後，亦予救濟。

5.一般救濟案件，先由審查生實地查訪後，將實情提會報告，開會時初步決定救濟金額，然後請筶，由神明裁定。如照准即照初審金額救濟，如未准時則酌予加減再請筶決定。

6.每年年終辦理冬令救濟，派員分十二組訪問列册有案之低收入戶，並發放救濟米（近年已改發代金）。

7.所需的救濟金，均由堂生自由捐獻，金額多寡不拘，隨時捐款。自民國六十三年該會成立起至七十二年四月止，共發放救濟金一百九十六萬元左右。一堂即有如此成績，全縣各善堂慈善會所提供的救濟金，爲數必定可觀，對於培養縣民博愛仁慈之心，以及救濟困難同胞，安定地方，自有相當程度的幫助。

肆 道士、法師、乩童

澎湖的道士屬於烏頭道士，兼修度生與度死，主要的工作乃爲廟宇神明建醮及人亡時作功德。

法師與乩童源流長遠，始自中國古代的巫術，後來加上道教及密教的思想，流行於中國南部，隨著先民傳入澎湖，代代相傳

一、道士

澎湖居民的宗教，雖然可謂信奉傳統之敬天思想、祖先崇拜、道教、佛教之祝祇神靈，以及接近原始宗教之地方性巫術與泛靈信仰混合而成的「民間信仰」，但不可否認的道教色彩較為濃厚，可能早自宋代首期移民起道教就隨著閩南沿海移民傳入澎湖，七十六年十一月全縣以道教登記的廟宇有一百三十四座，每個村里最少有一、二座。各廟宇所供奉的神明，大都屬於道教的神，每逢這些神明的壽辰，各地善男信女必有一番誌慶活動。自古澎俗信鬼尚巫，人生之婚喪喜慶、生老病死各種儀節活動，幾乎都受道教的影響。民間如建新居必先請道士或法師建醮安厝，然後於門簷上立八卦太極圖，以避邪魔，代人渡死，葬儀祭禮，墓前立土地公，平時祈福求平安，中元節作道場功果及各廟賽神建醮等，多由道士主持，澎湖的道士，在民間信仰活動中居於極重要的地位。

關於澎湖道士學習法事的經過，據住於澎湖縣望安鄉西安村二六之一號的陳正則道士於民國七十六年告訴筆者說：

「我十六歲開始學習道士，現年四十六歲，我持有的經懺都是師父留傳給我的，手抄的多，有的已歷一百多年了。澎湖道士與台灣本

●澎湖道長舉行法事。

島道士的科儀大同小異，只不過唸經懺的腔調有點不同而已。至於舞蹈，看各人的體格及功力而有異，沒有統一的標準，師父只指導主要的步法，凡曾經學過武術的大都擅長於表演動作較激烈之所謂『武齣』節目，學過戲的表演起來文雅一點。澎湖道士只靠道士的收入無法維持生計，所以都是兼業，通常跟隨師父學習一年，以後慢慢從實際作業中吸收經驗，及努力研究科儀經懺，才能單獨作業。報酬並無一定的標準，民間委託辦理法事，視其經濟狀況酌收，廟宇建醮，一團八、九個人，工作一天，大約收九千元。」

澎湖的道士屬於烏頭道士，兼修度生與度死。其最主要工作乃爲廟宇神明建醮及人亡時作功德。每屆神誕或歲末，各廟大都聘請道士建醮，一連數天或數十天，冬季農、漁閒時期，爲道士的旺季，關於建醮詳情於後文「建醮」節述之。

二、法師與乩童

台灣本島各地均有乩童，但不若澎湖之盛。《澎湖廳志》〈風俗篇・風尚〉云：

又有法師與乩童相結，欲神附乩，必請法師催咒。每賽神建醮，則乩童被髮仗劍，跳躍而出，血流被面。或豎長梯，橫排刀劍，法師猱而上，乩童隨之。鄉人有膽力者，亦隨而上下。或堆柴爇火熾甚，躍而過之，婦女皆膜拜致敬焉。

足見自昔就以乩童爲顯示神威的工具。澎湖乩童特多乃因王爺廟甚多之故。王爺廟主神例有乩童指示神意，兼以各地廟宇「請王」「送王」。（按迎請「王爺」蒞臨村莊廟宇作客神，保佑村民平安謂之「請王」。咸信能「讓災植福」賜與一般幸福，使人安居樂業。「王爺」作客神有一定的期限，期滿即離境，屆時，信徒爲之建王醮，造王船，繞境後焚化，謂之「送王」）之風很盛，該時通常「王爺」會選召新乩童傳達旨意，致乩童數目更多。但乩童無法單獨作業，必須「法師」配合，爲之作法、翻譯、服務，才能作好神與人的媒介，於是「法師」亦活躍於廟宇與私人乩壇，其重要性甚至超越乩童之上，在漁村裏獲得民衆相當的重視。

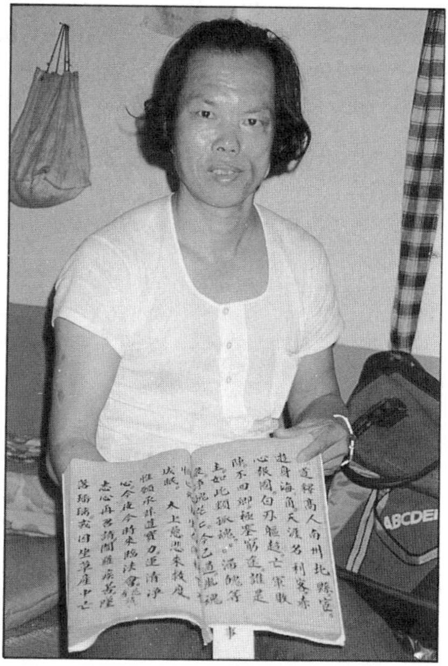

●澎湖道士之手抄科儀。

人們認爲各地衆多的媽祖、王爺、土地公廟並非均係本神鎮守，而派在世有功德者去執行神的職務。故常常聽地方民衆傳說：「某人在世樂善好施，死後做土地公。」或「某人在世熱心公益，功在社會，死後奉派爲某王爺的大廳爺，後積功升爲王爺。」之說法。這些由人成神的神明，並非一成神，即可永久爲神，受人祭拜。人們認爲祂只能享受五百年的香火，仍應不斷爲世人辦事，經常濟世，救苦救難。如毫無功績，到期即貶爲普通人轉世。又神亦可能爲惡，若作惡時，則予免職，而打入地獄受刑。反之，鬼怪、妖精亦非均會爲害世人，其修鍊多年，法術高強，慈悲爲懷，認眞濟世，爲人除害，著有功績著，也可能經由天神的推舉獲得玉皇大帝勅封爲神。神明之升遷罷黜，完全看祂能否救苦救難，爲人服務而定。因此祂們非努力表現不可，可是神係在無形的靈之世界，只能解決無形世界的問題，而地球是有形的世界，以人爲主體，神無法逕自處理有形世界的問題，必須借用有形的人作祂的媒介，才能辦事，這是世人承認乩童爲靈媒的「理論基礎」。

由於上述的理由，民間信仰的信徒，普遍認爲乩童、法師的存在乃理所當然，若無是項人員，神無法解決有形世界的一切問題。因此不管清代及日據時期如何取締、禁止，均無法使之絕跡。

在澎湖，法師又稱「壇頭」、「或「桌頭」。但其工作與台灣本島的「桌頭」未盡相同，台灣本島的桌頭任務是「觀童乩」請神靈來降童，就是請神來附在乩童身上，使他做爲靈媒，並翻譯出乩童所說的話。澎湖的法師在廟宇辦事的，不但要精通法術，而且通曉祀神的儀式，訓練小法師，並主持廟宇年中行事的法事事務；在私壇辦事的，也要精通符籙、咒語、指法等，能夠爲人解決部分心理上的障礙，才能立足。至乩童又稱「童乩」、「壇下」，在澎湖乃指經法師施法後，神靈降在其身上使他跳動，全身顫動，神智陷入昏迷狀態，而傳達神意者，其在廟宇乩壇說預言、看病、和解答疑難問題，迎神賽會時站在神輿後面隨同繞境巡視、或作「破頭」、「插五針」、「破肩頭」等表示神威，與台灣本島的乩童大同小異。澎湖有一句俗語說：「死乩童、活桌頭。」其意是說法事整個情況操在法師手裡，法師要很有經驗才行，足見法師之受重視。

澎湖的法師及乩童，源流長遠，始自中國古代的巫術，後來加上道教及密教的思想，流行於中國南部，隨著先民傳入澎湖，代代相傳，其間並受地方特殊情形的影響，以父子或師徒傳承，演變爲目前情況。

澎湖法師的派別，據筆者訪問調查，有「普庵派」（以普庵眞人爲宗祖）、「閭山派」（以閭山眞人爲宗祖）、「三奶派」（以臨水陳三奶夫人爲宗祖）、「九天玄女派」等，「普庵派」最多，「閭山派」次之，在澎湖看不到「紅頭道士」。女巫則屬於「三奶派」、「九天玄女派」。至於離島的尫姨則不屬於任何派別。

澎湖的法師與乩童，自古一般多能虔誠奉獻，免費熱心爲神、人服務，流弊較少，但以往亦曾出過問題，被取締過。日人伊能嘉矩著《台灣文化志》〈特殊之祀典及信仰〉記載：

光緒十年（西元一八八四年）五月，在澎湖廳內之媽宮（今之馬公市）有法師黃虔生及乩童許周泰等詐稱神示，毀損媽祖廟前之照墻及良民之店屋二十餘間。官民乃捐貲築復，分巡臺灣兵備道特派委員糺明，許周泰被緝捕，但黃虔生則脫逃。尋暗中潛回，故態復萌，與廖蔭及舊黨等通謀，仍假借神威毀壞照墻店屋。於是商民等仍再各自出力築成，但慮被其害，乃將情具稟通判程邦基，請頒示勒石永禁。因而翌年十二月，以福建巡撫劉銘傳之名建碑於媽宮。曰：

「照得：左道異端，實閭閻之大害；妖言惑衆，爲法律所不容。乃有不法之徒，輒敢裝扮神像，妄作乩童，聚衆造謠，藉端滋事，往往鄉愚無知，被其煽惑，此風斷不可長。……據此，除批飭查拏究辦外，合行剴切示禁。爲此示仰兵民人等，一體知悉。爾等須知，藉神惑衆，例禁甚嚴。自示之後，務各痛改前非，各安本分。倘敢蹈故轍，一經該管營廳察查，或被告發，立即按名嚴拏，照例重懲，決不姑寬，其各凜遵毋違，特示。」

當時由此嚴霜烈日之處置，因此事端之復萌幸得絕於未然云。

由於乩童之狀披髮半裸狂舞而行，五體淋漓，日人以其跡象瘋狂殘暴，並爲破除迷信，曾大事取締。日據末期一度絕跡，但光復後又恢復，而較前更盛。由於澎湖民間信仰的信徒占人口的百分之七十五以上，民衆大都以此乃神發其威風，十分慴服。各地公私乩壇林立，經常作宗教活動，尚幸多數屬於公壇，法師及乩童例多免費爲信徒服務，弊病較少。惟近年社會型態逐漸轉變爲工商社會，而私壇有漸次增加的傾向，宜防範其假借神威，貽害社會。

茲就筆者自幼目睹，以及近年來實地調查所得資料敍述澎湖乩壇的類別，法師及乩童的選取、修練經過、施法的內容、各界的看法、現代化的衝擊等於次：

㈠乩壇的種類

1 公壇

澎湖的乩壇絕大多數附設於廟宇，稱爲公壇，法師及乩童通常在廟裡乩壇工作，非經許可不得在外作業。法師及乩童義務爲信徒服務，不得收取任何報酬。信徒於事後所樂捐之香火錢，悉數歸爲廟宇收入。廟宇除對乩童因作法時破頭等流血過多者，由主事人買些人參爲之補補身體外，通常不給津貼。由於公壇不收費用，爲信徒服務，辦事亦較爲正派，在漁村被視爲正宗的乩壇，較受尊重。因此地方有句俗語：「要信，就要信大神大棹。」

2 私壇

不屬於公壇之乩壇均稱為私壇，有脫離公壇獨立設置的男壇，普通的男壇、及女壇三種，其特色為替信徒工作，大多收取報酬。茲分述如左：

⑴脫離公壇獨立設置的男壇：

這種乩壇的法師或乩童，原均在公壇工作，由於某種原因，離開公壇在外另設私壇，其類型有三：

a.原在公壇工作，雖犧牲時間、金錢等，無條件奉獻精力，熱心服務，但受排擠離開公壇，另設私壇，為信徒服務，這種人為數不多，但富有宗教熱忱，以救世濟人為職志，義務為人服務，大多不收紅包。

b.原在公壇工作，因與廟宇主事者或同人意見不合，發生爭執，或鬧派系，忿而離開公壇，另設私壇，替人工作，酌收報酬。

c.原一面在公壇工作，一面在外私自替人作法，賺取紅包，類同公立學校教員在外為人補習，公立醫院醫師在外為人看病、賺取外快。因違反公壇規律，被人攻擊，無法立足，乃離開另立私壇。此種私壇花樣特多，不但公然收取紅包，有時示意信徒以樂捐名義捐款，以飽其私囊。

⑵普通的男壇

非公壇的法師或乩童所設的私壇，有的父子傳承、有的師徒傳承，有的經過一場神經衰弱症後自謂神附身，自己修練法術後設立私壇，其符咒、秘術、科儀，不但與公壇有異，與其他私壇亦不相同。其為人作法均收報酬。

⑶女壇

女巫主持的神壇謂之女壇，俗稱「尪姨」或「查某（女人之意）佛仔」。澎湖本島以往有不少女壇，但現在已少，至於離島，由於男性大多出海捕魚，靈媒多由女人擔任，女壇以將軍澳嶼、花嶼、七美島最多。為人作法亦取報酬。

由於私壇大多數取報酬，因此一般民衆對其並無好感，除對於部分法術高強、品德良好，為人服務熱心者，仍予以適當的尊敬外，其餘多被視為不無欺騙詐財之嫌，其社會地位遠遜於在公壇義務工作的法師與乩童。

㈡法師與乩童的選取

●澎湖山水里上帝廟訓練「小法」。

●小法學習操營行陣。

1 法師的選取

(1)公壇的法師

廟宇乩壇的法師，通常由該壇的老法師（俗稱「法師長」「法官長」或「法長」）負責培養，其產生方式：有的由老法師選拔；有的由乩童選拔，在他家門口插香表示神選中他；有的由廟宇理事會和鄉老共同選拔；有的招募自願擔任者參加；有的勸導適當人選參加；有時上述數種方式一併使用。其年齡：有七、八歲的；有九至十一歲的；有十四歲，甚至十五、六歲的。人數有選八至十人的；有選一組六人，兩組共十二至十四人的。膺選條件，以忠厚、誠實爲準，以防將來學會法術之後，爲非作歹，貽害鄉里。某些地方的法師，還要經過廟宇的理事會和鄉老，根據所得的資料，愼重遴選，除少數村里外，通常不按「甲」分配名額。被選上的小孩進公壇跟隨老法師學習法術，俗稱「小法」。

(2)私壇的法師

私壇的法師，除少數由公壇轉來外，大多數是父子或師徒傳承。老法師從自己兒子中，選拔對此有興趣者，自小教以法術，長大以後繼承其衣鉢。或由想當法師的人備厚禮，在神前發嚴厲的誓言，保證不背師門、不洩露秘密後，始收爲徒弟，授與秘傳的巫術。

2 乩童的選取

澎湖漁村的民衆，大都相信乩童是由神所選召的，人在無法抗拒之下，才當乩童。相傳神選召乩童有兩個條件：其一、當乩童的人必須是「八字」輕，壽命比較短的人。神選他爲乩童，是要他爲神和人服務，俾增長其壽命。其二、必須是註定他應爲神所用，神不會選將來的修爲會超過祂成就的人來當祂的乩童。

關於乩童如何出現，日人國分直一提出三個例子如下：

①廟宇安置新的神像時，乘祭典的氣氛，顫動全身，暗示新安置的神已附其身的各種神祕動作；

②因瘧疾或他病引起惡寒，全身顫動不止，自起催眠作用，跳進廟裡，向公衆宣稱神已附其身；

③在自宅發生顫動，經家屬和鄰居騷動，宣

●訓練小法學習格界法術。

●小法學習格界抛球。

傳爲乩童出現。

澎湖漁村乩童的出現情形與上述未盡相同，茲分述如左：

(1)廟宇神明所選召的乩童

通常先在自宅忽而全身顫動，忽而昏迷不省人事，忽而跳躍不止，早晚廟裡「請神」的金鼓聲響的越大，顫動的越厲害，終於跳到廟門前。壇上的法師，並不遽予認定爲神的乩童，而要先辨其眞假，及是神抑或魔附身。辨別的方法，通常是由法師長燒符籙，看其反映，如果是邪魔附身，符籙一燒就會靜止下來。如係神明附身則不但無異樣的反應，且更顯出威嚴。有的是打指法（手印）試一試，如果是邪魔附身，一打指法就會倒下去，如果是神附身，越打越有威風。如要愼重一點，或信徒尙有疑問，就向神上香，再以擲筶確定之。若認定神明附身無誤，就由法師長扶他進廟，然後開始訓練。

神明有時會從公壇「小法」中選召一人爲乩童，遇有人久病不癒，志願擔任乩童期能獲得神明保祐而延長生命時，如認爲合適，也會選召他。有的廟宇，神明選召乩童時，要上「黃榜」奏請上天「核准」後才用。有的廟宇乩童訂有任期，任期屆滿要「稟准」才能續用。

乩童年老力衰，無法勝任時，可「稟請」神明，准他退職。如有特殊困難，無法繼續任職，辭去乩童職務，神明會「照准」。乩童假藉神威，爲非作歹時，神明會嚴厲處罰後予以免職。遇有上述情形，均另選乩童。

有時被神明選召的人，不願意擔任乩童，乃請法術高明的法師教導學習「抱心指法」，使神無法附身，聞如此會受到不良的報應，於是有人爲了徹底排除這種困擾，進入教堂信仰基督教。據說因教門不同，神明奈何不了他。

公壇通常設文、武兩壇，有時因某種原因僅設其一，文壇用扶箕（又稱飛鸞，或扶鸞）傳達神旨，扶箕的人稱爲「鸞手」。武壇由乩童傳達神意。在澎湖稱乩童（俗稱童乩），乃指屬於武壇的乩童。

(2)「王爺」所選召的乩童

通常「請王」時，被請的「王爺」會選召臨時乩童，辦理「濟世」（按：神附身在乩童，爲人指示迷津，消災解厄，或治病等，謂之「濟世」。）及「送王」等事宜。由於「王爺」有三千歲或五千歲（按：被請的「王爺」有三位時稱三千歲，有五位時稱爲五千歲。）等，所以有時一次選召三或五個乩童。「王爺」所選召的乩童，往往事前並無異狀，有時突然就參觀祭典的觀衆中選召。這些乩童於「送王」完畢，「王爺」離境後均退職，恢復正常，但偶而會將其中一人交由廟宇的神明繼續使用。

(3)私壇的乩童

除少數由公壇的乩童轉來外，其產生情形，據云：往往先是精神恍惚，時而身體顫動，繼而自覺靈魂附在其身上，日夜坐臥不安，痛苦不已，求教於法師。法師以符、咒、秘術等測驗究係魔鬼，抑或神明附身，如神明附身則作法導其開筆、開口。如魔鬼附身則施行法術，驅逐鬼魂離身，使正神附其身上，以資保護。當然亦有與法師串通，假裝神附身騙人，分享紅包、賺外快的假乩童混跡其中。

㈢法師及乩童的修練經過

1 法師的修練經過

(1)公壇的法師

公壇的法師均在廟裡受訓，訓練由法師長或資深的法師主持，免費傳授一些祀神的基本法術，但不將所有的法術傳授，原因是小法師年紀太小，無法了解深奧的秘術，同時怕所教非人，將來爲害社會。新設公壇，或在本地無法聘請適當人選主持訓練時，由外地聘請較有名氣的法師前來主持，尊稱爲「先生」（老師之意）。現在老法師逐漸凋零，同時公壇法師應義務爲人服務，大家不大願意擔任，以致上述訓練方式日漸衰微。

據筆者調查，澎湖各地公壇法師長所傳授的法術，多數屬於「普庵祖師派」，美國維吉尼亞大學人類學研究所博士魏捷茲先生（James Wilkerson）曾向筆者說：「澎湖各地法師的派別與所傳授的法術，可能與其祖籍有關，要注意這一件事。」筆者初亦認爲可能如此，乃與魏先生一起訪問了好多位法師，結果發現，澎湖先民雖大多來自福建泉、漳兩府，但來澎已久，而地方狹小，很久以來就密切交流，互相

●小法在廟埕舉行操營法術。

●小法在廟埕舉行格界法術。

學習，形成目前的狀況，各地法師的派別與其祖籍已無直接關聯。

各地訓練法師的期間參差不齊，有一次連續訓練二十天、三十五天、四十天、二個月、四個月的；有斷斷續續訓練一年的。有在廟裡「坐大禁」訓練七週（四十九天）的，有「坐小禁」，每次七天的。期間的長短，視各地的特殊情況及小法師靈性如何而定。至於訓練時間以往多由法師長酌定，現因重視學校教育，所以大多利用假期，或放學後至傍晚這一段時間訓練。但筆者到望安鄉將軍村作田野調查時，曾發見當地有集中學童在廟中學法術，而受訓中不上學之情形。

法師不一定要坐禁，但由於一般民衆均認爲法師坐大禁以後，其法術才會高強，所以大多利用乩童坐禁之便，同時坐禁，坐禁期間關閉廟門，揷上黑旗，警告不潔之人，不得進入廟內。法師在廟內，要持齋，頭不見天，脚不踏地，接受嚴格的訓練。

訓練內容因訓練時間長短而不同。期間短的，只不過教導一些平日祀神的基本法術而已；期間長的，會教導迎神賽會所用的法術。法師的訓練項目；有左列數項：

a.打金鼓：請神「降壇」（請神附身於乩童之意）時，需打金鼓，小法師要先學會如何打好金鼓。

b.練步法（俗稱練脚步）：練作法時的步法，因爲一般咸認脚步站不穩，法術就不靈。

c.唸咒語：請神「降壇」要唸咒語，謂唸咒語可以加強神附身乩童的力量，同時能使乩童除去雜念，久而久之會進入不知不覺的境地，好讓神來附身。老法師告訴筆者，唸咒文確實能發生催眠術的作用。咒語有咒語簿，代代相傳，據筆者調查，各廟宇所使用的咒語簿內容並不完全一樣，且只准當場參閱，不准影印，原因是怕別人拿去招搖撞騙，將來被追究來源。唸咒語的調子各地大同小異。如屬「普庵祖師派」即先學「請普庵大教主咒」，再學請其他神明的咒語。又法師作各種法術時均要唸咒，這些咒語也需要一併學習。

d.畫符：學習畫符籙，以往係在紅磚上，以毛筆蘸水畫寫符籙，一次又一次的練習。相傳

●小法在廟埕舉行造橋過限法術。

●小法在聖帝廟內請神。

坐禁時學的符籙最有效，一般人很重視符籙，所以澎湖有，「眞符、假咒、假指法（唸ㄅㄟˇ ㄔㄚˋ ㄍ一ˋ）。」的俗話。

e.學指法：學習作法時使用的各種指法（相當於佛教的手印）。曾經有一位法師，將每一種指法，用鐵線做成一個模型，並書寫指法的名稱，以便教導小法師，效果良好，獲得同行的稱讚。

f.學習操劍、操刺球、揷臂針、睡刀床等，以便作法時表演一番。筆者曾詢問一位法師，做這些動作時，神有沒有附身？痛不痛？他答覆說：「法師做這些特技，與乩童情形並不相同，神沒有附身，人很正常，做這些特技有秘訣，要做得恰到好處，適可而止，所以傷口不大，流一點血，痛一下就沒有事了。小孩第一次做，當然會害怕，但做了以後沒有什麼嚴重的痛苦，膽子就越來越大了。比方破頭，只用一點力道，使血流出來，止血就不痛了。至於操劍或用刺球傷背部，做這些動作的時候，自有分寸，因此不大痛。有些人做習慣以後，像抓癢一樣，不覺得痛苦。」

g.學習「召營」「操營格界」「造橋」「犒軍」「入火」「安厝」等法術，以便必要時演出，詳情後述。

上述乃一般的修練情形，至於更深的法術，要去拜較高明的老法師爲師，繼續研究，並經常跟隨老師赴各地做法事，或爲人治病，一面深研一些綜合性理論與秘術，一面培養良好的品格，熱心爲人服務，這樣才能成爲爲人所敬重的大法師。

(2)私壇的法師

由於私壇的法師，不必在朝宇祀神，故大多只學咒語、畫符、指法、「請壇」「作船醮」「安厝」等，以及一些秘術。私壇訓練法師的規模不大，管理亦不嚴格，一般來說難出高徒，但間有自幼跟隨其父，或長年隨從其師，在嚴格督導之下，學習秘傳的巫術，修得相當高明的法術者。

2 乩童的修練經過

(1)公壇的乩童

神明新選召的乩童，大都脚步不穩，連站立都站不好，只會顫動而已，不會做其他行動，也不會開口辦事，所以要加以訓練。可是如果是「送王」時「王爺」所選召的乩童，由於「王爺」將要離境，很快就會到神棹旁辦事。

各地乩童的修練情形不同，大部分地方比較鄭重其事，要乩童「坐大禁」，有些地方則比較簡單，由法師指導一些基本動作，就派上用場，他們的說法是乩童是神所選召的，不必加太多的訓練，也能勝任愉快。

關於乩童的修練情形，一般法師或乩童都不願公開說明，所以很不容易作深入的研究。筆者很幸運的遇到前馬公市北極殿法師長曾光燦先生，破例作較爲詳盡的敍述。他說：「這個問題，大家都隱密而不願講，認爲一講出來，秘訣就會被別人學去。但我認爲現在已經進入科學時代，要用科用法來研究這個問題，因此，我願意把這些祕訣提供出來，讓別人知道，大家共同來研究，倘別人的研究成果，能超越我，因而使這種民間信仰，能夠進一步的發揮正面的功能，對地方有所貢獻，對社會有利益，我就高興，如大家繼續隱密不講，我覺得會繼續落伍，而被世人認爲是十足的迷信行爲。」以下所述，大部分是根據他這幾年來對筆者所說的話，整理而成的。

乩童能夠進入爐火純青地步的很少，神格較高的神選召之乩童，若不經過坐禁，不能成爲「熟童」，會被淘汰。訓練乩童最好能使神靈投入乩童身上十分之九以上。投入九點五到十的境地，可以說已臻上乘。上乘的乩童，神「退駕」（按：神靈離開乩童身上謂之「退駕」。）以後什麼都不知道。神說些什麼？做了什麼動作，完全沒有記憶。神靈附身的方式有好幾種，有的只投到頭，有的投到手，有的投到半身和手，有的投到全身。大禁必須坐完七七，四十九天，坐禁時，要頭不見天，腳不踏地的修練，其理由是他們認爲天地間有天功地氣，左右人的功體。坐禁就是要排脫天功地氣，天地人三才，以人才爲本，來修練，因此不但要關上廟門，連所有的窗戶也要用紅、黑布遮住，水泥地也要舖上草蓆或木板才能行走。人才與神竅配合的越好，神越容易附身於乩童身上，人體也可以分天地人三部分，頭部到乳部謂之「天」，乳部到肚臍謂之「人」，肚臍到脚底謂之「地」。

●法師爲乩童使用之刺球作「洗淨」法術。

天地人三竅均通到才能謂之訓練成功，但有異說，謂靈媒有三種，一爲全知全覺：雖神附身，但靈媒仍不失其自己的意識。二爲半知半覺：神附身上，但仍有部分自己的意識。三爲不知不覺：神靈投的十足，靈媒完全失去自己的意識。三種方式均爲神靈附身，並無二致。一般人比較相信前說。

坐禁最重要的是要與外界完全隔絕，廟宇所有的門戶都要封起來，法師也要先「洗淨」才能進入，婦女在生理期的，參加喪禮的，帶孝的，均不能見到，否則會傷到乩童的法體。坐禁的乩童要齋戒，使體內的濁氣清除乾淨，以利神明附身。大禁的各個禮拜訓練方式如左：

a.第一個禮拜：不動金鼓，只叫乩童看善書，不管他認識多少字。這七天是要他除去在社會上的不良習性，培養忍耐心性，以適合在廟宇中的嚴格訓練。也不驟令節食，比方說原來在外面一頓吃兩碗飯，忽然叫他吃一碗，可能不適應，所以只叫他吃七分飽，以後慢慢節食。天天要他看善書，一、兩天也許沒有什麼感覺，第三天坐太久了，可能發生厭倦，認爲天天看書沒有什麼意思，以後也許一天看幾本善書，也許一本也看不完，他這樣一邊看書，一面假眠，到了第四、五天以後，神明會漸漸要來附身。通常乩童在「生童」（尚未經過訓練，正式執行靈媒任務的乩童）時期，在家中已顫動了一段時間，也就是說神已附過身，所以乩童「入禁」以後神仍要來附身，傳說乩童靈性好一點的有時神會帶他的靈魂到神原靈所住的地方，或地府遊歷。我想這也許是乩童一天到晚看善書，所引起的幻想吧！

b.第二個禮拜：開始動金鼓，唸慢咒，恭請神明降臨。每天只在早上乩童醒來後作一次，不可整天動金鼓。

c.第三個禮拜：早上及晚上「請壇」兩次，中午要休息，這一段時間，乩童差不多已經能很順利的顫動了。從他顫動的狀況，可以看出神靈投到那一個部位。看神靈是不是完全投到那裡，還有一個觀察方法，先看他的打嗝和嘔吐情形，開始時（坐禁的第一個禮拜）打嗝打得很厲害，也吐得很多，會嘔吐就是因爲氣來到肚子的部位，如乩童未吐，表示神還沒有完全附身，可能只到頭部而已，雖然頭部在顫動，但人還有意識，到了他打嗝嘔吐的階段，就是人在有意識與無意識之間扎掙中，若一直不停的打金鼓，唸咒語，神竅就會到肚臍，這時人就不知人事了。等到進入丹田處可以說已經成功了，天地人各部位已完全打通。這時想說假話也不可能了，因爲他已經沒有自己的意識。

d.第四個禮拜：仍按第三個禮拜的方式繼續訓練，目的是要使神靈更能夠順利且完全的附於乩童身上。

e.第五個禮拜：要開始修正乩童的步法了。並不是神一附身，乩童就會自然做好各種動作，因此要由法師長指導乩童，何種場面，要做什麼動作。有時在乩童完全清醒時指導，有時在有一半意識時指導，使之成爲習慣，久而久之，在不知人事狀況中，也會作好種種動作。

f.第六個禮拜：繼續用第五個禮拜的方式訓練，這時在有意識與無意識狀態中練步法的乩童，往往本身也會發生懷疑說：「奇怪！我爲什麼還有意識，知道自己作什麼。」這時法師長要立刻糾正說：「你不要講話，也不可以告訴別人，如何配合神做好才是最重要的。」不可以讓他老懷疑是不是眞的神會附身，告訴他：「你不要管，自然一點。」久而久之，他就會習以爲常了。

g.第七個禮拜：法師長要指導乩童「參香」等動作，以便「出禁」時向神明上香致謝。在這一段時間的某一天，神明會使乩童在神桌上書寫，大禁後之某一吉日爲「開口」日。在正常狀況之下，第七個禮拜的訓練完畢後，就可大功告成出禁。但如乩童於神附身時仍有自己意識，表示訓練尚未成功，訓練成果不好，不可讓他「開口」。雖如期讓他出禁，但要繼續訓練。

上述是大禁的訓練概況，其中細節很多。有時要看乩童的靈竅、動作以及其他情況加以適當的訓練。訓練時要保持嚴肅的氣氛，不可漫不經心，否則會失敗。

坐禁的乩童，訓練成功後，等候神明選擇的吉日「開口」。不坐禁的乩童，經測驗確爲神明附身後，由法師指導「踏七星步」「參香」「上香」，並「請壇」使神能順利附身後，等待神明指示的吉日開口。開口時，要準備一隻大的紅公雞，及符籙、紅圓、四果等，時刻一到，乩童就會「下壇」在神桌旁等候，法師燒符，將廟內先「洗淨」，並將紅公雞「洗淨」以後，抓到乩童嘴邊，雞嘴對人嘴，唸咒語，打指法以後，紅公雞一叫，乩童也叫出雞聲，然後燒「開口符」化符水讓他喝下去，乩童一拍案，就「開口」了。開口用的雞，通常是不吃牠，予以放生，但總會被不知情的人捉去吃，因此持齋的法師，不用雞，只唸咒語，打指法，燒開口符，使乩童「開口」。

●菓葉村聖帝廟乩童參香。

無論坐禁與否，乩童均要學習如何操劍、操刺球、插五針、睡刀床、過火、畫符及其他作法時需應用的各種技巧。

值得一提的是公壇的乩童，通常都學過「抱心指法」，以防被邪魔附身。又傳說做過乩童的人往往參觀祭典時，會被其他廟宇的神臨時選召爲乩童，此時即以「抱心指法」抵制他神，使之無法附身。法師教導乩童「抱心指法」的目的，一則爲了保護乩童本身，一則防止魔鬼或其他不屬於本廟的神明附身，擾亂秩序。

(2)私壇的乩童

訓練的項目較公壇的乩童減少很多，只傳授如何使神順利附身，怎麼操劍、操刺球、畫符及作法時須知的種種技巧而已，近來亦有訓練乩童坐禁者，但其設備較公壇簡陋，管理較鬆，訓練內容亦比較簡化。

(四)法師及乩童施法的內容

澎湖的法師及乩童施法時，大多密切配合，共同作業，所以若勉強分開敘述，恐難表達其相互關係的密切，並有遺漏或重複之虞，所以一併敘述。

台灣本島的道士有兼修紅頭法術，謂之紅頭道士者，但澎湖的法師均係專業，並非由道士兼任。又澎湖法師之普庵派與閭山派相傳均傳自嚀呢派，普庵祖師乃黑頭道士的守護神，爲何澎湖的黑頭道士鮮提其事，反而被法師尊奉

●法師爲乩童帶冠。

爲祖師有待考證。

澎湖的法師認爲道士以唸經、誦懺、燒符、作法，爲人消災解厄，但不能爲人治病。法師雖在道教上地位次於道士，但法術高深者，能爲人治病，較道士立於危險境地，要與邪魔對敵，如鬥不過邪魔，本身就要吃大虧。

法師與乩童的關係十分密切，但其地位，因各地情況，各人的修持深淺而有不同。法師若修練至爐火純青者，往往以乩童是神的傳達，法師是他的保護者自居，認爲神明附身，或離開乩童，均要由法師安排，神明附身於乩童時，若法師不在場，不但乩童遇有危險時，無法適時予以保護，且神旨亦無法完全溝通。多數法師長認爲法師的主要任務是安排廟宇每年行事的法事事宜，同時訓練乩童，保護乩童，使其發揮十足的神力，並於「濟世期」與乩童共同解決善男信女的疑難與病痛問題，至「非濟世期」，亦應信徒的方便，隨時協助解決其困難。普通的法師即認爲法師的主要任務是請神降臨附身於乩童，擔任翻譯，並辦一些法事，祭祀神明及服務信徒。等而下之的小法師即認爲他是侍候乩童的，神明降臨於乩童身上，指示我們做什麼，我們就做什麼。

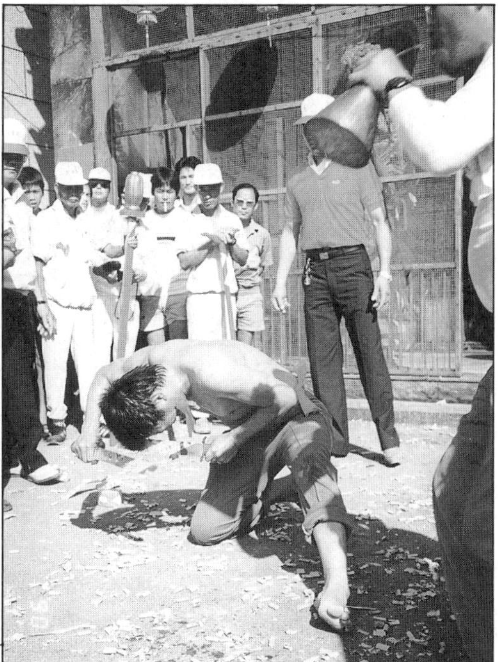

●乩童以雙刀「開五營」。

法師與乩童施法的內容，可分爲「公事」與「濟世」兩大類。「公事」指辦理日常的祀神與廟宇每年行事的法事，例如：神誕的「操營格界」「造橋」，與初一、十五的「犒軍」等以及與社區公衆休戚相關的事項。「濟世」指訂定日期，讓民衆請示私事，指示如何解決其疑難病痛等問題。茲分述如左：

1 請壇

法師動金鼓，唸請神咒，恭請神靈「降臨」，附身於乩童之謂。乩童均有其守護神，澎湖例以廟內主神或副神爲守護神，尤以「王爺」爲守護神的最多。法師如屬普庵派，請壇時先唸請普庵大教主之咒，其咒文如下：

奉請普庵大教主，神通變化不須疑，
隨慈發願渡衆生，作大醫王救諸苦，
致慈雲　助法雨
當朝社稷光萬里，修造動土任興工，
不問風霧並禁忌，圓光令法妙如雲，
萬億諸天常守護，百萬百首金剛將，
梵王帝澤常佐助，布祥光洗沾甘露，
一切衆生皆得度，惟願古佛降臨來。
神兵火急如律令。

有時唸左列咒文：

拜請普庵一教主，教主五方知天門，
手執令旗召天兵，手執角鼓踏七星，
脚踏雲梯步步行，合壇官將總來迎，
一聲喝起鬼神驚，鬼神看見列二邊，
爲吾凡間救諸苦，庇佑弟子永康寧，
哪吒太子踏火輪，手執金鎗拋綉球，
弟子一心專拜請，普庵教主降臨來。
神兵火急如律令。

法師如屬閭山派，即先唸下列咒語：

奉請閭山門下靈通使，眞身顯現請恚經，
願在江洲傳門法，同隨聖祖到凡間，
身受玉皇親敕令，出在嚴符救衆生，
遊山公曹陽法名，遊海公曹顏法通，
左右排兵金吾使，元帥哥哥至通靈，
身騎寶馬遊天下，手執金鞭蓋紫雲，
有人常念隨感應，扶童下降救生民，
六丁六甲到壇前，公曹官封左右兵，
指山作海乾坤定，移山塞海透天門，
穿山入石斬妖精，敕封傳來是老君，
香火傳流通天下，護國救民獨威尊，
弟子一心專拜請，靈通三使降臨來，
神兵火急如律令。

然後再唸恭請乩童守護神降臨的咒文。茲錄

數則於左：

(1)請玄天上帝（又稱眞武大帝）神咒

其一

奉請玄天大聖者，北方壬癸至龍神，
無上眞君駕眞武，醫王赫濯大陰君，
列宿虛危雲透起，雙前帝殿伏羣魔，
萬騎赤馬威九帝，紫袍金帶佩神玉，
蒼龜巨蛇伏聖足，六丁六甲到壇前，
文武官員齊欽仰，天兵地甲隨吾行，
弟子一心專拜請，玄天上帝降臨來。
神兵火急如律令。

其二

奉請北方黑殺將，化身眞武大將軍，
身長萬丈救世間，統領天兵無數萬，
三十六員諸猛將，披頭散髮斬妖精，
手執伏魔七星劍，脚踏騰蛇八卦龜，
若有不順吾法者，先斬後奏眞告知，
弟子一心專拜請，恩主公公降臨來。
神兵火急如律令。

(2)請中壇元帥（又稱哪吒三太子）神咒

其一

奉請哪吒三太子，太子七歲展神通，
哪吒靈、哪吒靈，哪吒太子百萬兵，
百萬兵馬排兵走，走馬排兵到壇前，
一歲無父天宮養，二歲無娘獨自成，
三歲無兄變爲弟，化作蓮花水上生，
水進之時聽水聲，水退之時滾水行，
一日狂風便吹起，打到金鑾玉殿前，
釋迦憐看天生子，便賜銅筋鐵骨身，
一爲上帝天王立，二爲殺鬼土王兵，
三爲三佛諸鑾殿，掌押諸親外家親，
若有不順吾法者，押去壇前化作塵，
爾好生魂吾放出，不好生魂吾不休，
北極殿前候產難，書符呪水救萬民，
弟子一心專拜請，中壇元帥降臨來。
神兵火急如律令。

其二

靈羅國裡三太子，太子七歲展神通，
頭縛雙髻紅羅帶，手執金鎗拋繡球，
百萬四千黑白將，牛頭馬面向前行，
鎗刀劍戟如雲雨，三壇會上展威靈，
弟子一心專拜請，哪吒太子降臨來。

神兵火急如律令。

其三

奉請哪吒三太子，太子七歲展威靈，
左手展起鎗搖動，右手抛起繡球兵，
龍王親身獻花行，哪吒太子下金階，
馬上霹靂金鎗響，飛沙走石洞中開，
收斬江海蛟龍將，治病救苦亦消災，
三歲眞君朝七斗，百萬兵馬四邊排。
弟子一心專拜請，哪吒太子降臨來。
神兵火急如律令。

(3)請淸水祖師神咒

奉請祖師大慈悲，救渡衆生無盡時，
降世紅塵順孝行，脱胎坐化現眞身，
願從釋教存惻隱，口念彌陀發善緣，
皈依西方極樂地，興雲佈雨救萬民，
勅封清水人欽仰，流傳天下處處揚，
有人誦念隨感應，焚香拜請到壇前，
弟子一心專拜請，清水祖師降臨來。
神兵火急如律令。

(4)請天上聖母（又稱媽祖、天后）神咒

其一

天后顯赫湄州山，青龍白虎兩邊排，
護國庇民登仙女，漕駕行舟隨後行，
扶危濟險在眼前，水途安泰穩如眠，
身生湄州林家女，神遊四海救蒼生，
左有千里在眼前，右有順風在耳邊，
千處祈求千處應，萬家啓請萬家寧，
弟子一心專拜請，湄州媽祖降臨來。
神兵火急如律令。

其二

拜請天后娘媽祖，頭上頂戴九龍冠，
身穿麒麟獅子衣，脚踏弓鞋水上行，
水上變化做遊兵，當天發願渡衆生，
專渡世間善男女，協力三寶去回番，
得勝回朝有功名，皇君勅賜謝娘恩，
肇固乾坤顯湄州，湄州山上神仙景，
上無人間斷火煙，下有江水穿門前，
弟子一心專拜請，天后聖母降臨來。
神兵火急如律令。

(5)請觀音佛祖神咒

拜請觀音大慈悲，救渡衆生無盡時，
左手提來令符水，右手展開楊柳枝，

頭上頂戴普陀冠，口中誦念阿彌陀，
脚踏蓮花千百葉，身坐蓮花團團轉，
陀山化爲西林寺，火坑變做清蓮花，
普陀伽山千手眼，大聖大願大慈悲，
南海觀音大慈悲，善才良女兩邊排，
弟子一心專拜請，觀音佛祖降臨來。
神兵火急如律令。

(6)請巡府三王爺神咒

奉請巡府大王爺，喝下神將七十二，
玉皇勅下巡世界，疾病藥劑保安寧，
黑白鐵鎖叮噹響，惡神惡鬼盡皆驚，
吾有勇猛忠烈將，吾有賞善罰惡心，
有人持念眞感應，焚香拜請到壇前，
弟子一心專拜請，巡府王爺降臨來。
神兵火急如律令。

奉請巡府二王爺，忠心正氣達天曹，
吾今居鎮在凡間，嚴法重刑挺威風，
八十四將聽吾令，驅提惡鬼不正神，
扶童顯赫現眞身，法符勅鎮飛此把，
神劍舞起莫敢臨，黃旗搖動盡歸伏，
普救凡間疾病苦，陰司聞聲邪魔驚，
揚名世間人欽仰，庇佑弟子無後災，
弟子一心專拜請，巡府二王降臨來。
神兵火急如律令。

奉請巡府三王爺，頭戴花巾身色袍，
聖上勅封身榮顯，賞善罰惡斬妖精，
受勅遊遍天下行，巡遊天下飛如雲，
吾有同年如猛虎，喝下神將總來迎，
弟子一心專拜請，巡府三王降臨來。
神兵火急如律令。

法師們一直打金鼓，誦諗神咒，不久在神棹前的乩童，就漸呈神靈附身的動作，身體越顫動越厲害，緊握雙掌，揮拳亂打棹面，行動粗暴，並口裡唸唸有詞，於是神靈完全附身，謂之「上童」「著童」「進駕」「上壇」。

據說神靈初次降臨所講的話，大多帶有中國口音，有的說國語，有的說沿海省份方言，有的拉調，有的插一些口頭語，很難懂，聽不清楚說什麼。「頭家」（按：廟宇爲舉行特別祭典，如「作醮」「送王」時所選出的負責人員，稱爲「頭家」，通常在神前以擲筶選定之。）「老大」（按：又稱鄉老」。通常由六十歲以上的老年人數人組成，輪流到廟

●菓葉村聖帝廟乩童「上童」。

宇祀神。例如澎湖縣白沙鄉後寮村威靈宮的鄉老，乃由該村十大姓各選一人，以各該姓輩分最高，年齡最長者充任。）們上香，請求說：「弟子聽不懂，請說得明白一點，或說閩南話。」廟裡的主神語氣溫和一點，如果是「王爺」降臨，脾氣比較暴燥些，語氣也不好。法師要一面猜測其意，一面仔細研究，作翻譯工作。聽錯了，乩童會打棹子，表示不對，重說一遍，聽不懂時，可以再問。

有時廟裡的幾位神明，會各選召一名乩童，但大多是數位神明共同選召一位乩童，「傳達」祂們的「旨意」。這時，看一看乩童「上童」以後的動作、步法、以及講話的語調等就知道是那位神明降臨了。

神明降臨以後先辦「公事」舉凡村民農漁業的預測、災害的預告、廟宇的整修、入廟安座、請王、刈香，以及與社區公衆休戚相關的一切事項，均會自動或依「頭家」、「老大」的請示指示之。有些廟宇，「公事」辦完，讓信徒請問私事，但絕大多數另行指定「濟世期」爲之。

神明「指示」完畢，乩童的動作漸趨平靜，由法師長在乩童的肩或背拍幾下，扶他退坐椅子上，終於恢復常態，謂之「退童」「退神」「退駕」「退壇」。

2 安放及召回五營神將並犒軍

澎湖各廟宇的主神均有轄區，神明調請天兵神將（俗稱調營）駐紮於境內，鎮壓邪魔鬼怪作祟，以保祐閤境平安。法師將五營神將之名寫在五支竹節上，連同五方旗幟，分別插在村落的東、南、西、北、中五個方位，或集中插在一處，象徵五方。這樣表示五營神將、神兵已經部署完畢，區內住民於初一、十五，準備牲醴或飯菜，抬到廟前，犒勞五營神軍，屆時要將天兵天將召回廟前（俗稱召營），舉行犒軍。詳見「安五營神將」節。

3 操營格界

神誕時在廟前舉行操營格界，以六人爲一組，由法師率領小法師，各持色旗，隨法師之指揮，以及金鼓之聲起舞，恭請神明操練神將天兵驅逐邪魔，肅清境區。

茲將操營的咒文數則臚列於左：

其一

香花請，香花請，奉請本師爲吾來操營，
操營三師三童子，操營三師三童郎，
謹請法天張聖者，身居泉郡延臨漳，
赤脚修行行正法，兜邪妙相顯威靈，
金沙橋上翻罡斗，青龍潭裡早修行，
脚踏火輪驅邪穢，手執寶劍斬妖精，
行雲致雨沾世界，書符出水救萬民，
助國救民端妙相，代天行化顯眞身，
四十五年閻浮世，遊行國土救生民，
辰年辰月飛化身，化身應現在壇前，
左右伽羅吾官將，前後駕馬二位兵，
三界祖師盧太保，三壇祖師江仙君，
更有劉連肖聖者，協力治病去瘟疫，
弟子一心專拜請，張公聖者降臨來。
神兵火急如律令。

其二

謹請肖公大聖者，慈悲感應渡衆生，
毫光顯赫耀乾坤，手執寶劍斬妖精，
毫光照耀天途路，親身下降不容情，
山精鬼怪都降伏，城隍社廟各皈依，
慈悲不舍降道場，打開毬內百萬兵，

●乩童以刺球「開五營」。

勇猛哪吒諸猛將，爲吾凡間救萬民，
弟子一心專拜請，肖公聖者降臨來。
神兵火急如律令。

其三

謹請七台山上劉聖者，降龍伏虎大將軍，
獅子壇前伏猛虎，金童樹下降青龍，
法主家持十八載，劉公聖者展神通，
吾奉玉皇上帝勅，焚香拜請到壇前，
弟子一心專拜請，劉公聖者降臨來。
神兵火急如律令。

其四

謹請七台山上連聖者，林氏大郎有神通，
剪髮光頭惟吾願，少年舍身入僧家，
不怕天高並地厚，不怕山遙江海深，
不怕城隍並社稷，不怕爲非不正神，
吾有年中惟吾願，行罡步斗到壇前，
弟子一心專拜請，連公聖者降臨來。
神兵火急如律令。

所謂格界，乃恭請神明前來肅清境區，以防邪魔侵入界內，茲將咒文列後：

奉請本師爲吾來格界，祖師爲吾來格界，
仙人爲吾來格界，玉女爲吾來格界，
格界三師三童子，格界三師三童郎，

奉請格界格東方，召請東方天王防扶界，主扶界天王是九萬兵，奉請張公聖者領兵下來把壇界，不許外邪侵吾防殿界內，若有外邪侵吾防殿界內，輪刀寸斬是不留停。
神兵火急如律令。

奉請格界格南方，召請南方天王防扶界，主扶界天王是八萬兵，奉請肖公聖者領兵下來把壇界，不許外邪侵吾防殿界內，若有外邪侵吾防殿界內，輪刀寸斬是不留停。
神兵火急如律令。

奉請格界格西方，召請西方天王防扶界，主扶界天王是六萬兵，奉請劉公聖者領兵下來把壇界，不許外邪侵吾防殿界內，若有外邪侵吾防殿界內，輪刀寸斬是不留停。
神兵火急如律令。

奉請格界格北方，召請北方天王防扶界，主扶界天王是五萬兵，奉請連公聖者領兵下來把壇界，不許外邪侵吾防殿界內，若有外邪侵吾防殿界內，輪刀寸斬是不留停。

神兵火急如律令。

奉請格界格中央，召請中央天王防扶界，主扶界天王是三萬兵，奉請哪吒太子領兵下來把壇界，不許外邪侵吾防殿界內，若有外邪侵吾防殿界內，輪刀寸斬是不留停。

神兵火急如律令。

來！

上方來，上方斬，下方來，下方斬，五方來，五方斬，爲吾斬斷東方木輪界，爲吾斬斷南方火輪界，爲吾斬斷西方金輪界，爲吾斬斷北方水輪界，爲吾斬斷中央土輪界。

格界行陣道白：

一、雙戟聯昇　二、風調雨順　三、必定如意　四、降龍伏虎　五、祥麟獻敬　六、五谷豐登　七、四季平安　八、團圓合境。

4 造橋過限

神明「誕生日」，法師要率領小法師，施行造橋過限的法術。其意乃造平安橋，讓信徒過橋，俾獲得平安，法師一邊唸咒文，一邊隨金鼓舞蹈作法，人們過橋（非眞正過橋，只做過橋的樣子）時，法師在，其背上蓋大印，表示從此平安無事。茲節錄造橋咒文於左：

本師爲吾來造橋，祖師爲吾來造橋，
仙人爲吾來造橋，玉女爲吾來造橋，
本壇元帥來造橋，合壇官將來造橋，
造橋三師三童子，造橋三師三童郎。
神兵火急如律令。

道白：

師友，好了沒有？答：還沒有。問：怎麼還沒有好呢？答：橋造好，該請五營軍馬鎭其五營頭，渡弟子過了運，爲弟子消災解厄，增添福壽，保平安。

道白：師友，獻其金錢紙，動起鼓樂。師友請了。

唱：

一聲龍鞭鎭東營，東營軍馬九千九萬人，
人人頭戴大帽身帶甲，手執柳枝來造橋，
龍馬嘈嘈軍馬走，走馬排兵來造橋，
亦有銅錢做橋板，亦有白米做橋樑。
金鎖牽，銀鎖牽，金鎖銀鎖只欄杆。
神兵火急如律令。
二聲龍鞭鎭南營，南營軍馬八千八萬人，

人人頭戴大帽身帶甲，手執柳枝來造橋，
龍馬嘈嘈軍馬走，走馬排兵來造橋，
亦有銅錢做橋板，亦有白米做橋樑。
金鎖牽，銀鎖牽，金鎖銀鎖只欄杆。
神兵火急如律令。
三聲龍鞭鎮西營，西營軍馬六千六萬人，
人人頭戴大帽身帶甲，手執柳枝來造橋，
龍馬嘈嘈軍馬走，走馬排兵來造橋，
亦有銅錢做橋板，亦有白米做橋樑。
金鎖牽，銀鎖牽，金鎖銀鎖只欄杆。
神兵火急如律令。
四聲龍鞭鎮北營，北營軍馬五千五萬人，
人人頭戴大帽身帶甲，手執柳枝來造橋，
龍馬嘈嘈軍馬走，走馬排兵來造橋，
亦有銅錢做橋板，亦有白米做橋樑。
金鎖牽，銀鎖牽，金鎖銀鎖只欄杆。
神兵火急如律令。
五聲龍鞭鎮中營，中營軍馬三千三萬人，
人人頭戴大帽身帶甲，手執柳枝來造橋，
龍馬嘈嘈軍馬走，走馬排兵來造橋，
亦有銅錢做橋板，亦有白米做橋樑。
金鎖牽，銀鎖牽，金鎖銀鎖只欄杆。
神兵火急如律令。

道白：

師友，好了沒有？答：還沒有。問：怎麼還沒有好呢？

答：人說有橋便有路，橋造好，該欄路關。

道白：師友，獻其金錢紙，動起鼓樂。師友請了。

唱：

大路通過透陰府，小路通過透陽城，
符小變化江河海，金鞭打開揚州城，
手執柳枝分世界，打開陰府三條路，
天開光
地開光
開光聖者開光路，開光聖者展神通，
看見陰府大路頭，看見門前草埔路，
草埔路上平舖舖，草埔路上草發芽，
草埔路上亦好行，草埔路上亦好走，

唱：

急急行，急急走，
前人叫爾莫應，後人叫爾莫聽，

元帥行過獻紙錢，獻錢獻紙買路過，
照見橋下長江水，看見江水白茫茫，
妖精鬼怪甚驚人，銀河水卒來扶童，
揚州童子來接引，接引元帥過陽橋，
吾法行時天地動，飛符走馬過陽橋。
神兵火急如律令。

造橋過限咒文原文很長，以下從略。

5 繞境

爲了祈求閤境平安，信徒於神明「誕生日」前一天，舉行繞境。這是乩童最神氣的時刻，表演操劍破頭、操刺球傷背、揷五針等巫術，以表示神威，法師拿著一支令旗，要很敏捷且技巧的保護乩童，以減少其傷害，流血時要口含米酒，噴酒流血之處，以防發炎。信徒們相信神轎從門前經過，經乩童以七星劍比劃及鎮符後，可以驅逐邪魔，保祐其全家平安。

6 捉妖

以往乩童捉妖炸油鍋的傳說很多，最著名的故事爲左列二則：

1傳說清道光年間後寮村風坑出現黑狗精，鬧得村裡很不平安，時有蔣府千歲（該村村民稱爲蔣爺）流到該村西長岸，該地民衆請祂駐紮，未蒙允准，後經過神指示，恭請到後寮威靈宮奉祀，蔣爺十分靈驗，黑狗精就是祂所收服的。傳說黑狗精被蔣爺追趕，跑到煙筒裡，蔣爺也跑進煙筒裡捉妖，致耳朶缺了一角，臉也薰黑，神像仍然留有這種痕跡云。

2傳說日據時期在案山里，某天同一時刻，黑狗精及玄天上帝各選召一位乩童，都說他是「帝公」，要以法術的高低來證明眞假。於是「帝公」附身的乩童，就把刺球打在長椅，伏在刺球上，腹上都是血。黑狗精附身的乩童看到此情就跑，被追趕爬到電線桿上，筆直的睡在上面，又遁到井中，最後被「帝公」所消滅，聞參觀眞假「帝公」鬥法的人莫不稱奇。

近年已少聞捉妖炸油鍋的事，民衆如聽到某處有此事均認爲是一種騙術。

7 煮油過火

廟宇有大祭典時，在廟前煮油過火。煮油時，乩童要表演手洗熱油，口噴熱油等節目。過火乃在廟前堆積木材或木炭，擇時升火，俟燒成火灰，祭拜後，撒以大量的鹽，先由乩童通過，

●乩童於神轎上繞境。

▲為使原業主之亡魂，知悉該地已賣給他人，而書寫之土地移轉契約格式。

●乩童以筆乩示神旨。

然後讓信徒隨其過火。據稱可以消災解厄。

8 濟世

公壇大多訂定「濟世日」，例如逢三、六、九日或二、五、八日，逢星期一、三、五，或星期二、四、六，讓信徒「請示私事」。時間多在下午七時至九或十時，時間一到即結束，決不拖延，以免乩童體力消耗過多，無法承受。

「濟世」時，先請壇，恭請神靈降臨，俟神附身乩童後開始辦事，信徒所問的私事，大多是問病，但有時涉及個人的命運、事業、婚姻、遷居、旅行、尋找遺失物、考試等。

對於信徒所問的事，神明如能立刻答復者，隨時答復，但案情複雜者，由法師、乩童施左列的巫術。

(1)落地府（又稱下地府）

俗信人患病係因其靈魂迷失於地府所致，法師唸咒文請乩童落地府，請示閻羅王以病者患病的原因。此法通常於人病危時施行，但有時因家中大小不平安，諸事不順遂，疑係家宅前業主亡魂作祟時，亦爲之。

(2)進花園（又稱栽花換斗）

婦人屢次流產，或嬰兒發育不良，或嬰兒常常夭折時爲之。俗信這是由於通往閻羅王殿的關口有一個六角亭，其花園的花根腐敗，肥料不足，整理不週所致，法師唸「落獄探宮科咒」，乩童手舞紮五色紙的甘蔗，表示整修花園而回。據稱經這種手續則可順利生育子女。亦有欲求生男請栽花換斗的。以前盛行此法，但近年來公壇已少做這種法術。

(3)脫身（又稱替身）

乩示病者靈魂已被惡鬼所捕，不易回魂，應製替身代替時爲之。作一小稻草人，穿上病人衣服，放在遠離病家的十字路口，以代替生病者被惡鬼捉去。近來多以紙製替身代替。

(4)討嗣

乩示病者未娶妻而死亡的兄弟，要求將其子一人立爲他的後嗣，以傳其香火時爲之。應將其嗣子名字書於死者的神主牌。澎湖此風很盛，反映當地居民十分重視延續香火。

(5)調解前世冤仇

自覺患病，痛苦不已，經數大醫院醫師診斷，找不出病原，或患輕度精神病久醫不癒時，往往前來問神，大多謂病者前世因財或色殺害他人，冤魂前來討命，神明要居中調解，使冤魂放棄報仇，並飭病者修身積德，以解災厄。

(6)安厝

澎湖公壇的法師，通常不到私宅去作法，但有一例外，遇民衆居家不安，屢遭不幸，認爲邪魔作祟，請求安厝時，經廟方同意可前往安厝。法師與乩童到民屋後，先由法師唸左列咒文：

焚香變滿雲金裡，灼影掃動照羅衣，
仙花紫菓挿在銀瓶中，好花進果壇中裡，
上請三官大帝，再請哪吒三太子，
三請黑虎大將軍，速速降臨來，
神兵火急如律令。
拜請上界眞玄境，玉皇玉帝太子爺，
自居紫闕金關殿，玉皇京都斬妖精，
祿吏天官左右衛，忠臣聽事前後隨，
門神土地聽吾喝，白鶴水卒壇下排，
吾有勇猛諸官將，拘邪殺鬼滅妖精，
若有不正爲禍鬼，押去酆都不留停，
弟子一心專拜請，青春太子降臨來，
神兵火急如律令。
拜請三界眞玄境，玉皇玉帝親勅下，
上方寶劍斬妖精，焚香降氣達天曹，
金剛四將聽吾令，拘提惡鬼不正神，

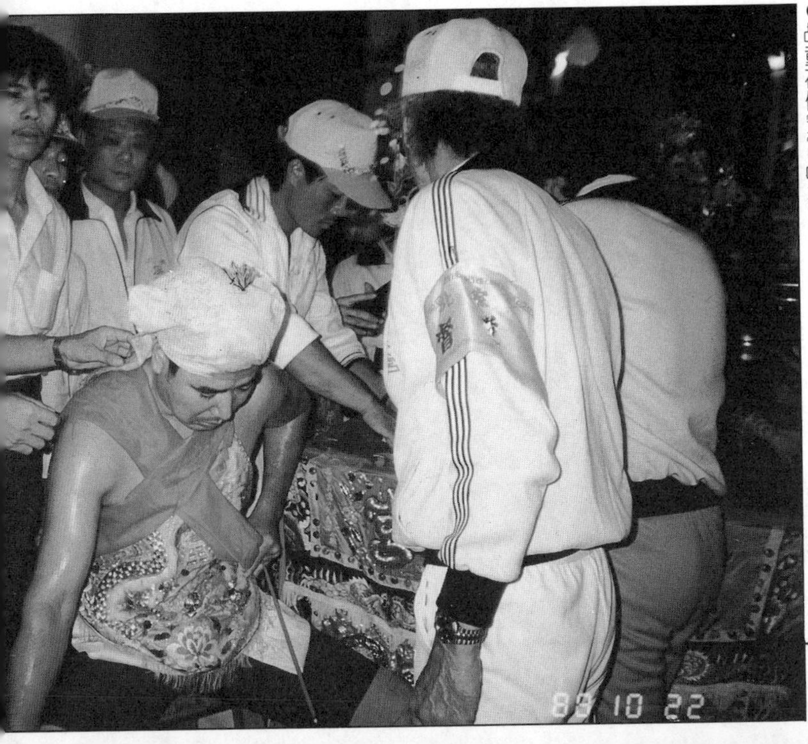

●乩童在保安宮乩示神旨。

本師爲吾壇中請，現在凡間救萬民，
召請六員諸猛將，三千兵馬到壇前，
四員金剛佩七星，脚踏七煞斬妖精，
五雷兵馬隨吾行，手執枷鎖四十將，
驅邪惡鬼盡皆驚，神通廣大展威靈，
庇佑弟子保平安，消災解厄永康寧，
弟子一心專拜請，五佛官將降臨來。
神兵火急如律令。

法師唸畢咒文後燒符籙，打指法，乩童則拔劍在屋內到處揮舞亂砍，表示與鬼魔交戰，殺除惡魔，又以鍋盛熱油，或點火走遍室內各處，趕走邪魔。

有時乩示，居家不安之建地，因原業主之亡魂回來，發現土地被異姓子孫蓋屋居住，心中不滿而作祟，所以必須經一段土地移轉手續。由法師在地磚，一面以紅字，一面以黑字寫契約書，安放在屋內地上，使原業主的亡魂，知道該土地已賣給他人，不再作祟。

(7)畫符

法師大多精通符籙，經常畫平安符、治病符、鎮宅符、驅邪符、安眠符、和合符、鎮夢符、鎮驚符、化骨符等交信徒使用，以保平安。

(8)派藥

部分法師略懂草藥與中藥，偶而會依乩童指示的要點酌派藥方，與符籙或爐丹煎煮。但此法已極少使用，大多指示向何方向，請高明醫師看病。

一般來說，公壇的法師、乩童爲人施法，一律免費，信徒到廟裡問神，除了燒香、燒金紙外，不要準備什麼。但如到私宅安厝時，要準備金紙、牲醴、蠟燭、糕仔紙、淨香、束柴、四果等以便祭拜。又如到吃飯時刻，就以牲醴作幾碗菜請吃便飯，並不特別招待。

以上所述乃公壇的法師及乩童施法的大概內容，至於私壇的法師及乩童，除不必在廟宇効勞，僅辦私事，及不動金鼓只唸咒文或燒符籙就可請神降臨外，其所施的法術，大約與公壇的濟世相同，不再贅述，但私壇落地府，脫身、

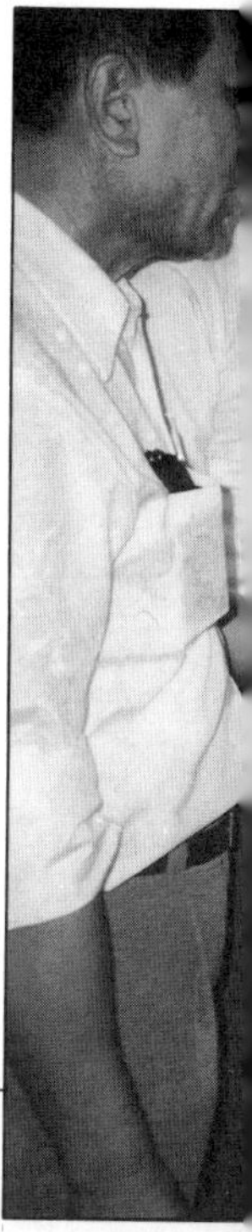

栽花換斗節目特多。此外公壇幾乎不派紙、謝紙（指焚燒銀紙）以討好魔鬼，但私壇則盛行此事。

另有一點要特別提出的是，澎湖的法師，絕不以病人的病因是由於其祖先的亡魂在地獄被役使受苦爲由承辦法事，這種法事，概由道士辦理。這是與台灣本島法師不同之處。

五各界的看法

1 法師、乩童本身的看法

⑴眞正神明附身的乩童，確能治好醫師治不好的非生理疾病，用現代科學無法解釋其原因，使人不得不信有神的存在，而乩童就是祂的替身。

⑵由於訓諫不足，能進入上乘境地的乩童極少。差不多只實施十分之五左右的訓諫，就派上用場，因此沒有辦法完全傳達神的旨意，並非神不靈。上乘的乩童，只要信徒上香報了姓名、地址，就知道你要問什麼，甚至連三年前你問過什麼事，仍會記得，並細述其經過及你的問題所在。但現在這種乩童實在太少了。

⑶人心不古，檢討過去，確有部分法師，後來變壞，爲害社會。因此高明法師不願將秘術傾囊相授，以防惡用，故法師的法術一代不如一代，越來越差，無法充分解決信徒的問題。

2 村里長的看法

很多村里長參加廟宇的管理工作，少部分人士本身曾經當過法師，由於地方民衆多屬民間信仰的信徒，他們當然要熱心參與是項活動，但絕大多數村里長潔身自愛爲民服務，茲將某村長的看法列後：

法師、乩童正派，民衆就會相信他，如果品德不好，民衆當然不會相信。現在科學十分發達，民衆有百分之七十五相信就算不錯了。相信與否，受家庭的影響很大，如果父母相信，子女差不多會相信。又女性比男性相信。至於教育水準亦有莫大關係，畢竟民間信仰並沒有什麼理論，大家都不知其所以然，因此大學畢業生大多不相信，但偶而亦有有興趣研究的。將來的演變要看民衆與政府的態度如何？及法師、乩童的表現，如果他們表現不好，有欺騙百姓，拿紅包的行爲，或發生乩童被燒死等案件，政府就應該予以取締。

3 一般民衆的看法

大約百分之七十五以上的民衆相信乩童、法師能作神與人之間的溝通工作，但相信的程度略有不同，茲分述如左：

(1)十分相信者

以中、老年人居多，尤其是鄉村的農、漁民，及婦女爲甚。他們認爲「寧信其有，不信其無。」又有病時要人、神兼顧，一方面到醫院就診，一方面要到神壇問神，即所謂「需要人，也需要神。」他們一方面相信乩童、法師能作靈媒，替他消災解厄，一方面又害怕被施邪術，所以往往採取「敬而遠之」的態度。民初以來流傳下列傳說：「清末在西嶼鄉有一個叫做馬口喚的法師，持有一支天尺，每遇廟宇作醮，他就拿著那支天尺去取得所作的醮之功效（據說法師拿鐵尺或死貓頭，於廟宇作醮時，將它放在神桌，所做的醮的功效會被它取得），因此他的天尺具有很高的法力。他就拿這把天尺，到各地的廟宇去抓神，他將天尺向神像一比，神的屁股就會浮動，於是把神靈裝到黑袋裡帶回家，用符籙封在小瓶裡。據說除了文澳的祖師爺、馬公南甲的蘇王，及通梁的康王未被抓走外，澎湖所有廟宇的神均被抓走。後來這三尊神明向天庭奏報此情，鑒察天君查實後，令三尊神化作普通人的模像，利用馬口喚不在家的時候，對他母親說：『我們是你兒子喚的朋友，寄些東西放在他的床鋪下，請妳還給我們。』他母親一看不過是一瓶瓶封有紙條的小瓶。說：『這裡只有一些瓶子嗎？』三位神說：『請妳把這些條子撕開就好。』她撕開了條子，衆神都出來了。然後諸神合攻馬口喚，最後馬口喚被迫跳海而死。」另一傳說：「馬口喚的法術很好，可是眼睛不大好。人家開他玩笑，對他說：『聽說你馬口喚的法術十分精明，現山上（一說是村口）有一個女孩，你能不能施法術讓她脫光衣服？如能，我們就請客。』馬口喚說：『要使女孩脫光衣服太簡單了。』，於是拔了一根草，唸一唸咒文一放，那個女孩覺得好像有蜈蚣在身上爬，難過得很，將上下衣等統統脫光。被作弄的那個女孩，原來就是他的女孩，她知道這是其父作的孽，回家以後因羞愧而上吊自殺。」這個故事是勸法師要遵守道德，不要用邪法為害社會，否則殃及其身。

此外尚有數則品德欠佳的法師、乩童學了邪術，為了金錢作惡，被天神嚴懲，遭遇報應的

●王爺繞境之前小法召營。

▼王爺繞境之前法師放營。

故事。這些故事的盛傳，可視爲民衆警告法師勿學邪術爲惡的內心表露。

(2)半信半疑者

以三十歲至四十歲的市區青年及商人爲多。他們多半相信神眞正附身時的乩童及正派的法師確能爲神、人辦事，但並非每一個乩童、法師均正派，難免有不良分子混跡其中，於是盛傳「三分神、七分人。」謂神意只不過三分而已，其他七分乃法師串通乩童作僞。又說「新童不會作假，舊童會作怪。」認爲老牌的乩童會裝神騙人。此外也說「死童乩、活桌頭。」謂乩童要有法師配合才能完全傳達神旨，但法師也會亂編假話騙人。從這些俗語可以看出，他們對法師、乩童，乃採取有限度相信的態度。

(3)完全不相信者

地方知識分子及部分三十歲以下的大專畢業生屬之。他們相信科學，認爲現在已進入太空時代，乩童、法師能作神、人的溝通乃無稽之談。他們不但自己不相信，而且認爲社區仍然相信這種民間信仰爲落伍的象徵，尤其對爲人施法索取紅包，或要求招待，或到台灣本島標榜澎湖法師招搖撞騙的，認爲是地方的奇恥，主張徹底根除，但曲高和寡。

上述乃一般的狀況，但有時會發現例外，例如：大學畢業的教員十分相信，而國校畢業的漁民並不相信的情形。

(6)現代化的衝擊

日據時期澎湖對外的交通相當不方便，加以澎湖被列爲軍事要地，予以種種管制，故更加蔽塞。光復後由於政府積極開發，及地方民衆熱心配合，地方建設突飛猛進，對外海空交通快速進步，加速對外界的文化交流，人民知識水準的提高，與其他縣市並無二致，民衆有了現代化思想，乩童與法師的活動，難免受到相當的衝擊，茲將其情況略述於後：

1.民衆重視教育，法師與乩童來源大爲減少。以往民衆以家裡有人擔任公壇法師、乩童替社區服務爲榮，爭先劾勞。但現在大家都十分重視兒童的教育，認爲讓童擔任是項神職人員，會影響學業，誤他一生，紛紛拒絕參加，公壇神職人員已有後繼乏人之勢。

2.由於大家不願其子弟擔任法師或乩童，故要用勸導方式勸說：「這是先人遺留下來的傳統宗教信仰，棄之可惜，希望來參加以維護傳統習俗。」勉強湊上人數，開始訓練後，要保障不影響其學業，且不能傷其體膚，因此不但管理鬆弛，而且訓練內容亦簡化很多，坐禁方式已與往昔不大相同，房禁不但不能密閉，而且要充分通風，同時不相信一定要絕食才能接受良好的訓練，頂多持齋、節食，不與外界來往，按時作息，專心修身養性，接受訓練即可，堅決反對以往不注重衛生保健的訓練方式，很少有人願意苦練法術，甚難培養道行高明的法師與上乘的乩童。

3.時至工商社會，大家普遍重利，追求個人生活的改善，很少願意無條件奉獻。擔任義務性質的公壇法師或乩童，實無法維持其生活，日久難免產生：爲何老是無代價用我，一出去要晒一整天，還要破頭、插五針，渾身是血，我白白犧牲，沒有一點報酬，實在值不得的怨言，最後總會離開公壇，另謀生計。反之收取報酬爲人服務的私壇專業性法師、乩童，因收入頗豐，生活安定，人數逐漸增多。

4.由於教育水準提高，民衆的醫學常識較前普及，已無患病時僅問神，而不到醫院求診者。通常小病找醫師治療，不問神，大病一面送醫院就醫，一面問神，亦有不問神，而信賴醫師到底者。往日盛行的栽花換斗、替身等法術，大家多認爲無稽之談，乏人問津。

5.法師、乩童的社會地位降低。以前的人相信神是萬能的，神職人員怎麼說就怎麼辦。但現在人們認爲廟宇的神並非萬能，神職人員的法術也有限度。目睹乩童因破頭破傷風致死，或過火時不慎被灼致死，而法師仍以天機不可洩露搪塞，或多方掩蓋其事實的情形，自然會對其權威性發生懷疑。以前法師、乩童辦事，人們懾於神威，不敢過問，但現在民智大開，民衆對於法師、乩童的不合理行爲，敢加以嚴厲的批判，法師、乩童的社會地位已失去往日的光輝。

伍　立石敢當、石符、石塔

安立石敢當、石符、石塔時，應舉行祭典。

方式有二，其一由乩童作法，其二乃由法師作法，通常備牲醴、紅圓、四果等，點香、燃燭、請神，然後念祭煞咒，並焚燒金紙。

一、石敢當

石敢當的安放，在澎湖各地住宅、通衢要道、山頂、海邊，極爲常見。澎湖自古以來，居民以烈風飛沙爲一種煞氣，甚恐懼之。而爲了止煞豎立頗多石敢當。強勁的季節風是澎湖最大的自然現象之一，澎湖位於東亞季風標準區域內，每當秋末初冬時節東北風大作，強風通過管形的台灣海峽時風力加速，使澎湖冬季經常籠罩在凜冽的季風之下。除六月至八月間爲西南風外，其餘各月均爲東北風，每年自十月起至翌年三月止，風速增強，十二月的平均風速爲九公尺六。間隔一兩天就刮一次強風，全年暴風日數多達一百四十四日，最大風速達二十二公尺五，相當於中度颱風。胡建偉纂《澎湖紀略》〈天文紀．風信〉云：「惟澎湖風信，不惟與內地不同，亦與他海迥異，周歲獨春夏風信稍平，可以種植。然有風之日已十居其五矣。一交秋分，直至冬底，則無日無風，其不沸海覆舟，斯亦幸矣！」可見澎湖風大自古而然，處在此種殘酷的大自然惡劣環境之下謀生實屬不易，這是石敢當信仰衆多的地理因素。據《台灣文化志》記載：「北山嶼赤崁澳（今之白沙鄉赤崁村）往昔冬季狂風猛烈，海沙飛散，有時甚至民屋被埋沒四、五尺之高，因而鄉民難以爲活，並且頻患疾病。於是衆議仰鄉神之乩

●湖西鄉紅羅村民宅前之石敢當。

示，建立石敢當以押壓風煞，相傳爾後禍害漸減云。」可見除天災之外，該地乩童之盛行與石敢當之多亦有相當的關係。除此之外，島民認爲潮流沖來，可以帶來煞氣，侵犯漁村居民的平安。爲恐遭受風浪襲擊，例於港口或海岸安放石敢當，以求止煞。同時亦認爲山頂有妖魔鬼怪棲息其中，於山頂或面對山頂之村郊豎立石敢當，以防其侵犯。

如上所述，石敢當是用來鎭妖避邪止煞的，關於石敢當的源流迄今尙無定論，有「出於西漢史游之急就章說」「出自明劉元卿賢奕編（卷四）閒抄之五代時的勇士說」以及「衛大法師之起源於狗的圖騰說」等諸說。依照屈萬里先生的推證，在遠古時候，人類有崇拜石頭的習俗，人們對於某種形式的石頭（天然的或人工的）認爲它神靈，或者有什麼神靈在那石上寄託著；它能保佑人，所以人們崇拜它。由沒有記號的頑石，進而刻上石敢當等字，於是成了現在所常見的形式。他認爲淸徐鼒以爲石敢當是出於淮南萬畢術裡所說的埋石，見解是非常高明的。《太平御覽》卷三十三引淮南萬畢術裡所說：

歲暮臘，埋石於宅隅，雜以桃弧七枚，則無鬼疫。

御覽卷五十一，又引述此事說：

取蒼石四枚，及桃枝七枚，以桃弧射之。乃取併埋弓矢四隅，故無鬼殃。

這種鎭宅的石頭，只是埋在地下，並不刻什麼文字。但到了唐代，就有的刻著「石敢當」等字了。宋王象之《輿地紀勝》〈卷一百三十五興化軍〉說：

慶曆中，張緯宰莆田，再新縣治，得一石銘。其文曰：「石敢當，鎭石鬼、壓災殃。官吏福，百姓康。風聲盛，禮樂張」。唐大歷五年，縣令鄭押字記。今人家用碑石，書曰石敢當三字，鎭于門，亦此風也。

從這個石碑上刻著那麼許多話語，而不像後來千篇一律的形式看來，可以推知它是由沒有文字的頑石，而轉變爲只刻「石敢當」三字，或「泰山石敢當」五字之固定形式的過渡時期。

後來，這種石碑的形式漸漸統一化，上面只刻著「石敢當」三個字，石敢當三字上加上泰

●湖西鄉沙港村古厝屋角的石敢當。（郭金龍／攝）

山二字，不知始於什麼時候。萬畢術裡說埋的石頭是「蒼石」，蒼石在五行裡屬木，在方位上是屬東方的。而泰山是東嶽；那麼，這泰山兩個字，很可能是從蒼石二字衍變而來。因爲東嶽泰山之石，既應蒼色，又是五嶽之專，自然比普通的石頭，更有靈驗了。（參見屈萬里〈石敢當和指路碑〉《台灣風物》第五卷第一期（台北、台灣風物雜誌社、民國四十四年一月）頁一—六。）

筆者認爲屈萬里先生的推論頗有道理，可是豎立石敢當的風俗移植到澎湖後有些變化，變化的石敢當到處可見。我國大陸的石敢當，最普通的形狀是一個高一尺多乃至到三尺多的石碑，碑上只刻著「泰山石敢當」五個字，並沒有其他的花紋或圖像等。但亦有刻成全形人像，再把人像上面，刻上石敢當等字的；也有刻著一個全形的惡物像，伏在石碑上端的，而四川郤都是在石碑頂端，刻著一個兇惡的獸類，張口吐舌。澎湖石敢當的形狀不一，最有趣的是白沙吉貝島的木魚形石敢當，以玄武岩築成，外塗紅漆，與東側海岸另一磬形石敢當相互呼應。一般長方形石敢當上所刻的圖文如下：

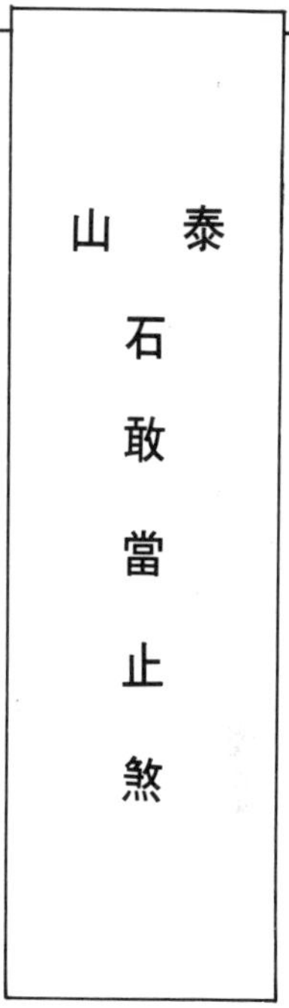

圖一

圖二

二、石符

與石敢當在功能上具備相同效用的立石，乃是「石符」。澎湖石符之多，可能亦是本省之冠。廟旁、村郊、山坡、荒野、海邊有大量的「石

圖三

圖四

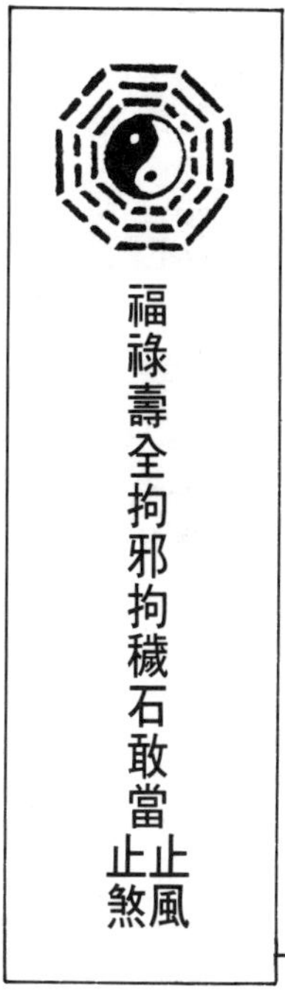

圖五

符」，上述地方凡無安置石敢當的定立有「石符」，甚至同時立有石敢當與石符，作雙重防備，以杜一切邪道之妖魔鬼怪侵犯，永保人民之平安。

石符也是一塊石碑，通常其上刻有符籙及神佛尊號，亦有僅刻「⿱雨魑⿱雨魅⿱雨魍⿱雨魎」者，形形色色，但其求驅鬼辟邪之目的則一也。石符以豎立於白沙鄉後寮村的威靈宮廟殿旁者最大，石碑上刻有⿱雨魑、⿱雨魅、⿱雨魍、⿱雨魎四個大字，於清道光二十二年（西元一八四二年）爲鄉民所立，據云有鎮懾四方山林、川澤、魑魅、魍魎、鬼怪之功能，爲驅鬼辟邪符之一種。據村民告訴筆者，彼等認爲此乃類似陽間的遊民收容所，將四方之妖魔鬼怪集中於該處，由法力無邊的威靈宮主神保生大帝管訓，免得到處遊蕩，爲害民衆。除該碑外，其他各地的石符，大多上面刻有「雷令〇〇〇（神佛尊號）降臨止煞罡法（或下山止煞、或收除邪穢）」字樣。茲舉其圖文數種如下：

圖一

圖二

圖三

圖四

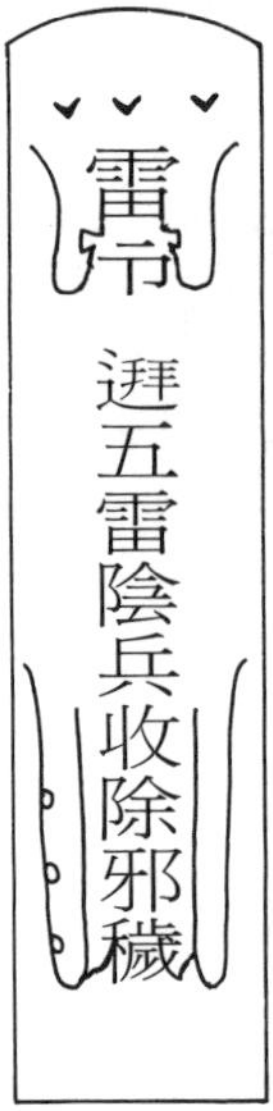

圖五

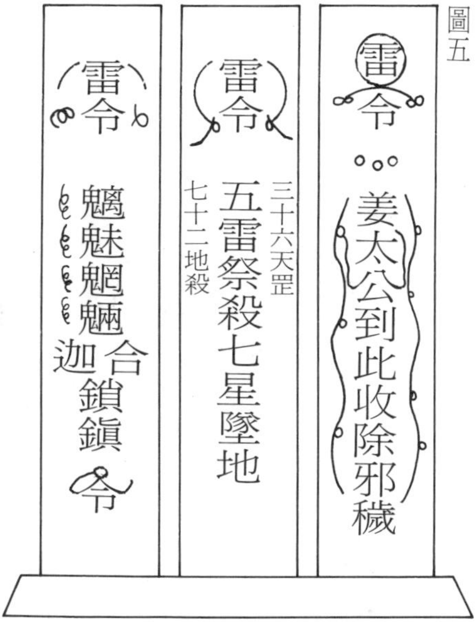

三、石塔

此外，澎湖村郊之山頂、海邊立有許多石塔，與石敢當、石符共同形成層層重疊的防衛系統，尤以立於馬公市鎖港里海岸之三層樓高的兩座石塔，最爲雄壯。

安立石敢當、石符、石塔時，應舉行祭典。方式有二，其一由乩童作法，其法術因主神不同有異，不能一概而論；其二乃由法師作法，通常備牲醴、紅圓、四果等，點香、燃燭、請神，然後念祭煞咒，並焚燒金紙。一般法師大都不願意接受這個任務，因恐法術不精，不但無法順利祭煞，反被所害，故多由乩童擔任祭煞工作。

●西嶼鄉外垵村右側山頂之「三仙塔」，居高臨下，防衛村莊，爲該村溫王廟所設。

陸　安奉五營神將

五營主帥的神像造形，
即是我們在廟中
主神神案前木架常看到的鎗身人首，
俗稱「五營首」或「官將頭」，
其形狀非常怪異，
給人一種震懾恐懼之感。
因此，人們相信祂們能除暴安良，
賞罰善惡，鎮辟邪魔。
每當村莊民衆心理上覺得不安寧了，
或有疾病流行時，
就往廟宇禱告，祈求神明保佑，
派遣五營神將驅逐邪魔疫鬼。

在澎湖，凡有廟宇的村莊，均有安放五營神將。於村落外圍之東、西、南、北及中央安放營將神立。民衆稱，它的作用就如同大軍營的外哨。台地其他地區亦有此種習俗，但不如澎湖之盛。從此亦可了解澎湖居民恐懼鬼怪作祟的一般心理狀態。民間認爲天界的行政系統，和人世相同，玉皇大帝除率領文武衆神巡視天、地、人三界外，統率天兵、地兵執行軍事及警察任務。天兵即三十六天罡，地兵就是七十二地煞，兩者都稱神將；另有附屬於各廟主神或「王爺」的神兵。這許許多多的兵員分成東、西、南、北、中等五營，各營有一名元帥負責調度與指揮。

東、西、南、北、中五營元帥，又稱「五營將軍」、「五大將軍」、「五神將軍」。關於五營元帥的成員究爲何人，民間有種種不同的說法，大致可歸納如下：

第一種說法：東營主帥爲羅昆；西營主帥爲羅燦；南營主帥爲文良；北營主帥爲招賢；中營主帥爲哪吒。

第二種說法：東營爲張將軍（又稱張公）；西營爲劉將軍（又稱劉公）；南營爲蕭將軍（又稱蕭公）；北營爲連將軍（又稱連公）；中營爲李將軍（又稱太子爺）。

第三種說法：東營爲辛元帥；西營爲蔣元帥；南營爲池元帥；北營爲洪元帥；中營爲中壇元帥哪吒三太子。

第四種說法：東營爲康元帥；西營爲趙元帥；南營爲張元帥；北營爲馬元帥；中營爲李

●馬公市興仁里叉路之五營神將。

元帥。

此外，還有其他不同的說法，大致上除了哪吒坐鎮中營，統領東、西、南、北四營不變外，其他四營之主帥，似沒有一定的說法。

這些主帥的神像的造形，都是我們在廟中主神神案前木架常看到鎗身人首，俗稱「五營首」或「官將頭」，其形狀非常怪異，給人們一種震懾恐懼之感。因此，人們相信祂們能除暴安良，賞罰善惡，鎮辟邪魔。每當村莊民衆心理上覺得不安寧，或有疾病流行時，就往廟宇禱告，祈求神明保祐，派遣五營神將驅逐邪魔疫鬼。

澎湖各廟宇的主神均有轄區，神明調請天兵神將駐紮於境內，鎮壓邪魔鬼怪作祟，以保祐閤境平安謂之「放營」。通常代替神明施行「放營」的是法師，無設法師之廟宇始由道士擔任（澎湖白沙鄉瓦硐村武聖廟係由道士擔任放營等工作）。法師將五營神將的神號書在五支竹節上，象徵五營神將，連同五方旗，分別插在村莊的東、西、南、北、中央五個方位，亦有集中插在一起，以象徵五方的。現在已有不少神位，用石碑豎立起來，以求牢固，或蓋很小的小屋予以安置。石碑或竹節上的圖文如下：

●廟宇神案之官將頭。

圖一

圖二

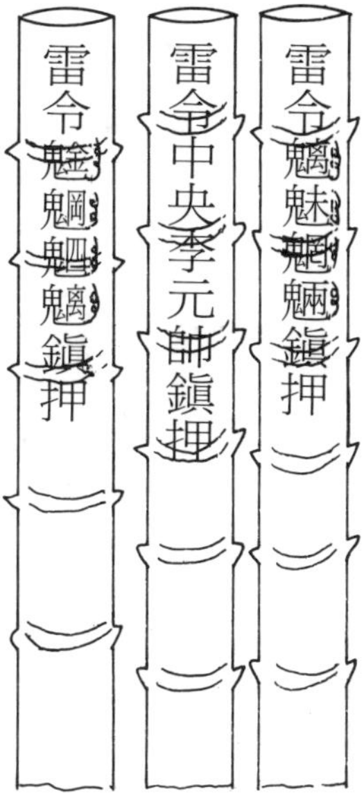

圖三

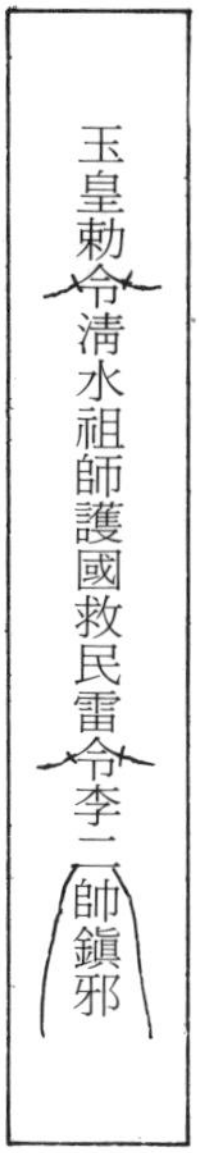

圖四

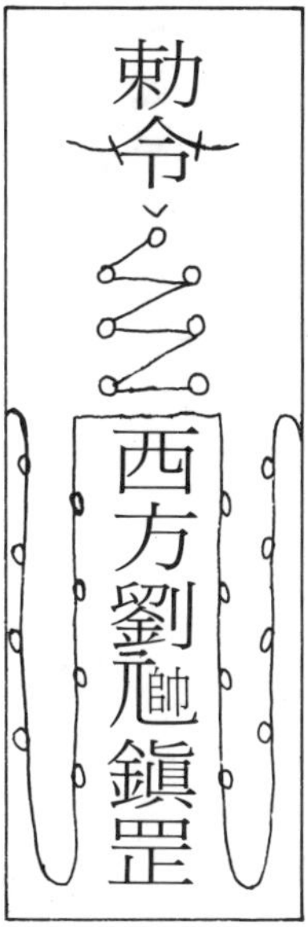

圖五

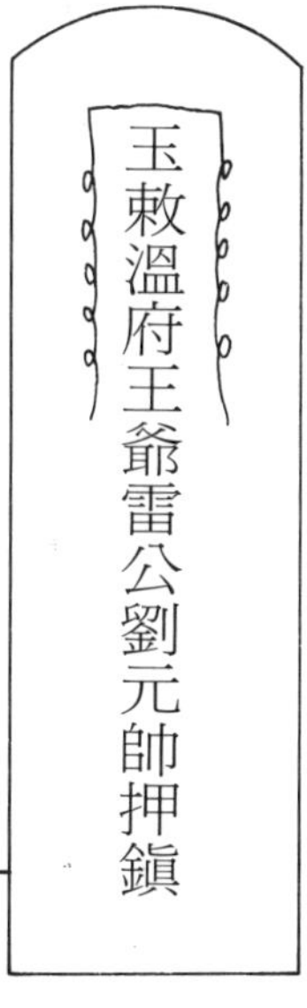

圖六

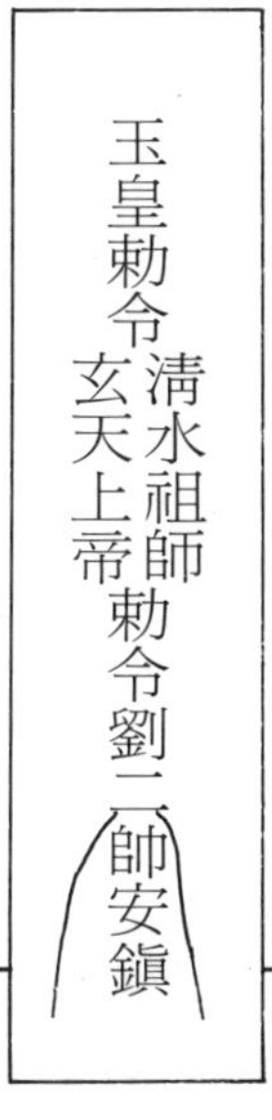

圖七

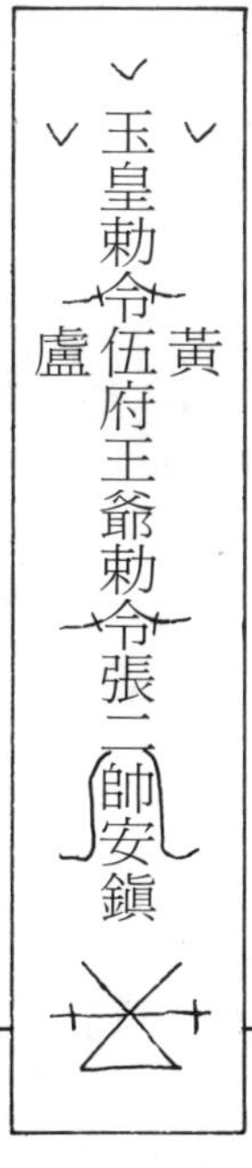

圖八

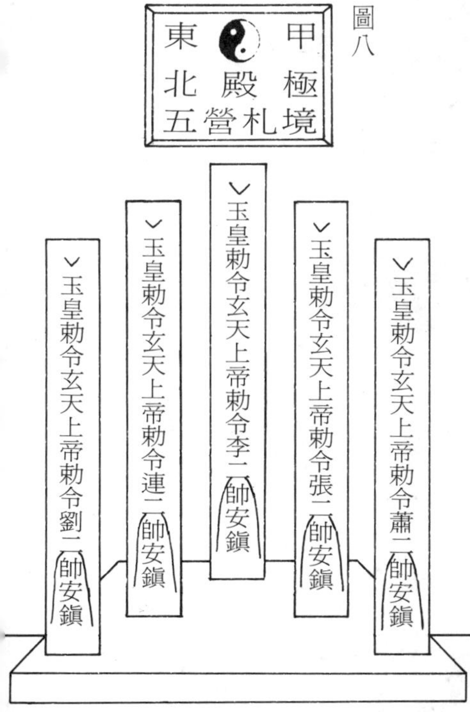

前有對聯一對曰：

五將尊嚴長興合境；

營兵奉令永佈平安。

「放營」完畢，每月農曆初一、十五，例在廟埕舉行「召營」、「犒軍」，該時村民家家戶戶須準備牲醴或菜飯，招待神將及兵馬。此外，神誕或「王爺」繞境到有交誼的廟宇休息時，該廟亦須舉行「召營」、「犒軍」法術，招待轄區或過境的神兵。茲將澎湖舊奎壁澳六村所請「三府千歲」繞境至湖西鄉白坑村時玉聖殿舉行之「召營」、「犒軍」儀式略述於次：

「小法」六人，搬出參加繞境之紅羅村北極殿等六廟之「官將頭」神像與「虎爺」於廟前神案，桌上置生牲禮及酒、糯米粉粿、秤、小盆等。神案左側另置一供桌，上放大豬一條，正前方置一長凳，上放十二個碗，旁放一袋牧草及一桶水，再前置簡單供桌數張，以便村民供奉祭品（大都是菜、湯、飯），其排場如左圖：

●白沙講美村郊之五營神將神像。

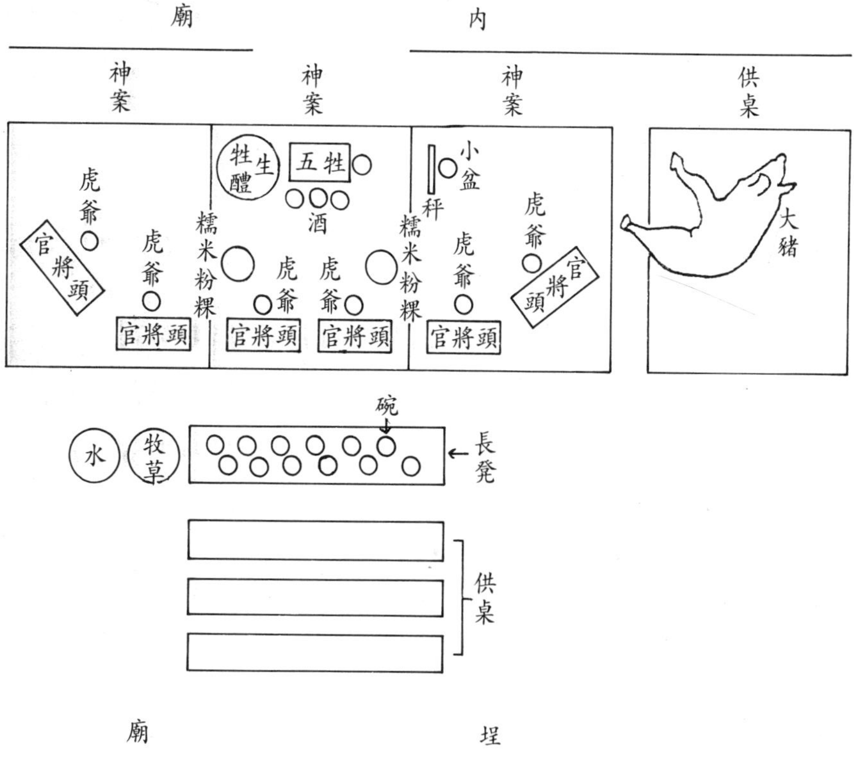
廟
內
神案
神案
神案
供桌
虎爺
官將頭
虎爺
官將頭
牲醴
生
五牲
酒
糯米粉粿
虎爺
官將頭
虎爺
官將頭
糯米粉粿
秤
小盆
虎爺
官將頭
虎爺
官將頭
大豬
碗
水
牧草
長発
供桌
廟
埕

犒軍之前，先舉行「召營」，俟擲筊確認已召回全部「兵馬」後，再行「犒軍」。「小法」六人，除持令的「小法」未換外，其餘五人（分別代表東、西、南、北、中）輪流進場，以兩人爲一組作法，有時一人單獨爲之，餘在兩旁唱咒語或動金鼓。此外，另有一人在長凳旁不時盛水於碗內，並挪動牧草，表演犒賞軍馬之餵水、餵草動作。「犒軍」完畢後開三鞭「放營」，命令神將天兵回歸各營，然後信徒收回菜、湯、飯等供品。

茲錄有關咒文於左：

召營咒文（按：放營亦用此文，唯將「召請」易爲「放出」。）

一聲法鼓鬧紛紛，召請東營九夷軍，
九夷軍馬九千九萬人，
手執青旗火炎光，龍車嘈嘈軍馬走，
走馬排兵到殿前，神兵火急如律令。
二聲法鼓鬧紛紛，召請南營八夷軍，
八夷軍馬八千八萬人，
手執紅旗火炎光，龍車嘈嘈軍馬走，
走馬排兵到殿前，神兵火急如律令。
三聲法鼓鬧紛紛，召請西營六夷軍，
六夷軍馬六千六萬人，
手執白旗火炎光，龍車嘈嘈軍馬走，
走馬排兵到殿前，神兵火急如律令。
四聲法鼓鬧紛紛，召請北營五夷軍，
五夷軍馬五千五萬人，
手執黑旗火炎光，龍車嘈嘈軍馬走，
走馬排兵到殿前，神兵火急如律令。
五聲法鼓鬧紛紛，召請中營三夷軍，
三夷軍馬三千三萬人，
手執黃旗火炎光，龍車嘈嘈軍馬走，
走馬排兵到殿前，神兵火急如律令。

召營若召不回時，用下列咒文：

紅旗炎炎照天界，烏旗黑黑召兵入殿來，
泰山催兵楊度娘，張度娘

●白坑村玉聖殿「小法」舉行六廟神將之「召營」、「犒軍」。

度了神頭馬將軍，馬仙動，馬仙賢，馬仙輝，身勑祖師康、趙兩舍人，押兵盧太保，兵頭盧二娘。

神兵火急如律令。

犒賞咒文：

欽承到旨出天門，今日開筵來犒賞，
諸員官將實感恩，變筵無量甘露水，
千千萬萬齊犒賞，軍到壇前卸了甲，
馬到壇前卸了鞍，龍到壇前齊歸東海，
虎到壇前各嚮南山，軍馬速把門頭，
來不准打動牛羊，去不准打動豚犬鷄鵝鴨，
庇佑弟子男婦老幼俱各保平安，有牌有印，直入直出，直去直來。無牌無印，不許邪魔外道侵吾壇界，若有邪魔外道侵吾壇界，吾奉列位恩主差康、趙、黑、白四元帥，手執天羅地網，喝抓便抓，喝鎖便鎖，鎖到邪魔外道皆有賞，得財賣放皆有罪。

五營軍馬在駐紮地受犒賞之咒文：

鼓聲沉沉通三界，雲頭走馬召中營，

吾令犒賞東、西、中、南、北營軍，東、西、中、南、北營軍馬，未賞到賞場，千軍共一盞，萬衆共一杯，賞官軍，賞兵郎，犒賞東、西、中、南、北營軍馬的齊全，賞啊！賞軍又賞馬，賞馬又賞軍，已賞東、西、中、南、北營軍馬退後去，東、西、中、南、北營軍馬未賞者進前來。

跟隨列位神明部下軍馬未賞進前來，吾令犒賞，跟隨列位神明部下軍馬未賞到賞場，千軍共一盞，萬衆共一杯，賞官軍，賞兵郎，犒賞跟隨列位神明部下軍馬的齊全，賞啊！賞軍又賞馬，賞馬又賞軍，已賞跟隨列位神明部下軍馬退後去。

本壇/合壇官將兵馬未賞進前來，吾令犒賞本/合壇官將兵馬的齊全，賞啊！賞軍又賞馬，賞馬又賞軍，已賞本/合壇官將兵馬退後去。

神兵火急如律令。

柒　補運

補運之日天未明即起，
善信準備好甜糯米飯一大碗，
其上放置不剝蛋殼的
熟雞蛋若干個，
連同香、金紙及「補命錢」，
到城隍廟去「補運」。

澎湖民衆除信仰外來宗教及無信仰宗教者外，大多有「補運」的習俗，個人的消災解厄，通常於，農曆初一、十五，（俗云：初一、十五免翻簿。意謂初一、十五爲吉日，不必翻閱曆書。）到村莊的廟宇裡辦理。此外每年有一次擴大舉行的全家「補運」習俗。或於農曆正月初七，「人生日」舉行，或於六月上旬（六日至七日）舉行，或於八月十五日舉行，因地區不同而日期有異。通常以「紅圓」或甜糯米飯與「補命錢」來補一年之行運，祈望能有一個好運途。一般都在現住村里的公廟舉行，但遠到馬公市重慶里或西文里城隍廟補運的也不少。尤以重慶里的城隍廟，其他鄉村前來「補運」的衆多信徒所燒的金紙，每每燒得金爐通紅，使管理人提心吊膽。

各地「補運」的方式大同小異，茲將馬公市區民衆到重慶里城隍廟「補運」的習俗略述於下：

補運之日天未明即起，善信準備好甜糯米飯一大碗，其上放置不剝蛋殼的熟雞蛋若干個（依家中人口多寡，放多少個，蛋殼上塗紅色顏料，亦有以帶殼的龍眼、荔枝、花生代替雞蛋者，）連同香及金紙、「補命錢」到城隍廟去「補運」。到廟後將甜糯米飯置於神桌上，碗邊用補命錢圍好，先祭拜一番，稟報家長及家屬之姓名，出生年月日、現住址，祈求神明保祐閤家大小平安無事，運途良好，吉祥如意，拜畢焚燒金紙及「補命錢」，然後小心地拿每一個蛋，在神桌的四角輕輕的敲破蛋殼，將殼剝掉（意謂脫殼，已將壞運脫去，換上好運），蛋上塗少許香灰，仍放回甜糯米飯上帶回家。一路上不得開口與別人說話，遇到熟人亦然，僅可點頭打招呼。回到家，將蛋和甜糯米飯分給家人吃（放於碗中央之蛋，應給家長吃），謂可保一年平安無事，逢凶化吉。因上述方式過於繁瑣，近年來已有部分人僅以紅圓或紅糖果，或紅蛋供奉，以求簡化者。可見習俗會隨著工商社會的需要逐漸改變。

3／建醮祀典卷

壹　建醮

澎湖廟宇建醮，
在廟埕豎旗杆一支，
上綁一長一短之樹枝，
懸掛黃色四角旗一方，
旗之中央畫一紅圈，
圈內以紅字書一「令」字，
並在旗之上下左右，
分書「合」「境」「平」「安」四個紅字，
其下掛天燈一個，
對天神地祇標明建醮地址，
以便諸神前來鑑醮。

大部分廟宇，於一年中，都有擇日建醮（澎湖俗稱作醮）。大多選在主神誕辰之日舉行，但「送王」時也要舉行。作醮皆請道士來廟主持其事，法師、乩童不與焉。廟宇所作之醮，分爲「公醮」及「私醮」兩種。「公醮」大多爲祈求閤境民丁平安及國泰民安，風調雨順而舉行，所需費用由董事募捐充之。「私醮」乃於「公醮」舉行完畢，依個人之申請而辦理。其費用悉由該申請之人單獨負擔。澎湖「公醮」之作法與台灣本島大略相同，但規模較小。「私醮」規模更小，但民衆十分熱中於此。曾經因重病祈求痊癒或祈求神明保祐達成某種目的，於願望實現時，莫不申請作醮，酬謝神恩。茲舉公、私醮各一例如次：

一、公醮

澎湖縣湖西鄉舊奎璧澳六村，於恭送「三府千歲」離境（俗稱「送王」）之前，在紅羅村北極殿舉行「公醮」，其實況如左：

北極殿自七十七年十月二十四日起至二十六日止（農曆九月十四日起至十六日止）建「天公醮」三天。自十月二十七日起至二十九日止（農曆九月十七日起至十九日止）建「王爺醮」三天。自十月三十日起至十一月一日止（農曆九月二十日起至二十二日止）建「北極殿主神及鑑醮諸神醮」三天。

各醮除靈寶設醮榜文由於建醮對象不同，文章內容略有不同，茲錄北極殿所建「天公醮」靈寶修設清醮酬恩平安保佑植福全章如次：

●紅羅村北極殿鑑醮諸神神像。

玉清三洞五雷經籙九天金闕大夫禹餘天中使
總督雷霆諸司府院風獄都天大法主正乙嗣教眞
人許府本爲設醮平安事臣誠惶誠恐稽首頓首俯
拜上言右臣奏　爲　今據澎湖縣湖西鄉紅羅村
居住恭就北極殿神前立壇奉道設醮酬恩平安福
佑植福主會許金龍、副會洪協良、都會白阿騫、
頭家洪福至、洪丙寅、林忠雄、蟻老吳朝賓、
洪福份、……白坑村蟻老……、南寮村蟻老
……、北寮村蟻老……、湖西村蟻老……、湖
東村蟻老……、紅羅村下西甲蟻子……、東頂
甲蟻子……、下中甲蟻子……、西甲蟻子……、
頂寮甲蟻子……、頂中甲蟻子……、白坑村頂
甲蟻子……、二甲蟻子……、三甲蟻子……、
四甲蟻子……、南寮村中甲蟻子……、西甲蟻
子……、上甲蟻子……、北寮村南甲蟻子……、
東甲蟻子……、西甲蟻子……、湖東村頂甲蟻
子……、南甲蟻子……、中甲蟻子……、北甲
蟻子……、湖西村首甲蟻子……、二甲蟻子
……、三甲蟻子……、四甲蟻子……、暨合澳
衆蟻子人等同誠拜于荷
天聽昭垂，恭陳意文，伏以乾元資始，坤厚廣
生，含宏光大，品物咸亨，恭承天庥，有則有
典，鎭撫邊隅，厥靈厥聲，叨蒙
玉皇大帝，分陰分陽，大德普好生之澤，立剛
立柔，至道垂化育之功，覆載深恩，賴日月照
臨，厚德俯賜，合澳男婦老幼，俱各平安，喜
設清醮奉酬，謹涓本月十四日起醮，十五日至
十六日仗道就于殿內立壇啓建靈寶設醮、酬恩
平安，一會行事，三朝上奉高眞，下祈庇佑，
於早晨拜發文字啓白，迎請　帝眞，宣經演懺，
揚旗掛榜，中午獻供酌水奇花，晚夜分燈照耀，
捲上珠簾，金鐘清擊，玉磬連敲，次日復整行
道，開宣經懺，午陳淨供散遶仙花，宿啓玄壇，
演修妙法，三朝重白至尊，復宣科典，登棚演
教，呈進表章，九陳淨供酌水奇花，觀祝本命
星燈，合衆元辰，光彩道場，陞壇捻香舞蹈，
拜進醮恩表文，虔備香花茶果，剛鬣麵羊、牲
醴、粿品、金珍等儀，演唱梨園叩答
玉皇大帝鴻恩之愿言，放明燈於山水，拔孤爽
于座外，備斛酒食，普施渺魂，完伸三酌，化
煉更衣冥資敬謝，伏願
天帝駕龍車來，享塵寰以醮禮，衆眞臨寶座，

勾銷心許之愿言，庇佑合澳人口平安，風調雨順，人傑地靈，疾疫消除，邪魔遠避，普純禧于境內，人惟泰而物惟阜，騰瑞氣于人間，老者安而少者懷，五穀豐登，六畜昌盛，海利大進，滿儎而歸，財源廣進，利路亨通，年年添丁，日日進財，鄉里安靜，男女康寧，四時無災，八節有慶，伏乞蒼穹錫賜降祥，默佑安康，本司以今建壇之始，隍社祀典，里域正神，掃蕩妖氛，肅清道境，恭迎

上帝光臨道場，證盟修奉醮事完週，各陞階秩，須至榜者

答　右榜曉諭各宜知悉

天運民國七十七戊辰年九月十四、十五、十六日給

祖師三龘大法天師眞君張在天

榜　⿱⿰青氣心。

發壇前張掛

至所作之科儀、所唸之經懺大致相同，茲將三天之醮事表列於後：

次將建醮有關事項分述如左：

第一天	上午	起鼓、發表疏文、請聖眞科、唸玉樞經、朝天懺第一、二卷、祀旗、獻供。
	下午	唸朝天懺第三、四、五卷。
	晚上	分燈捲簾。
第二天	上午	重白請聖、唸北斗經、三官經、朝天懺第六卷、祀旗、獻供。
	下午	唸朝天懺第七、八、九卷。
	晚上	宿啓。
第三天	上午	早朝、祭將及進表全科、唸朝天懺第十卷、祀旗、獻供。
	下午	觀燈、入醮。

1 道士團

此次建醮係聘請澎湖縣馬公市中央里中山路六巷十四號道德壇道長趙自成主壇。其陣容共計九人，高功（在澎湖又稱「主中」）、副講、都講、侍香、引班等五人道士負責前場科儀，後場四人爲打鼓、打鑼、吹嗩吶、打鈸各一人。至於建醮費用，廟方係以每日一萬三千元包與趙主壇，由彼準備所需使用之道具、物品及僱

用道士與後場人員（每日工資均爲七百元）。供品及道士團工作人員之三餐與點心皆由廟方供應。

澎湖地區建醮向來不搭建外壇，故不需外壇道士，僅用一班主持科儀於道壇，組織極爲簡單。

2 醮場設施

澎湖建醮之醮場均利用廟內地形酌予佈置，茲將此次建醮之醮場略述如次：

「王爺」行台：於該廟門楣掛上額曰：「行台」之牌，以示「王爺」代天巡狩，在該廟駐蹕。殿前長形神案上安置「三府千歲」之神像，大王薛千歲居中，二王吳千歲在左，三王熊千歲在右，兩旁立紙糊侍衛二尊。「王爺」神像前各放王印一顆，左邊置大印一顆及「玉旨」，右邊放「令」三枝。神案前置長方形供桌一張，上放香爐，其前供「糖塔」「糖獅」，再其前依次放淨爐、薦盒、四果、飯、餅乾，兩旁自後向前排花、燈、燭台、花，其排場如圖一：

圖一

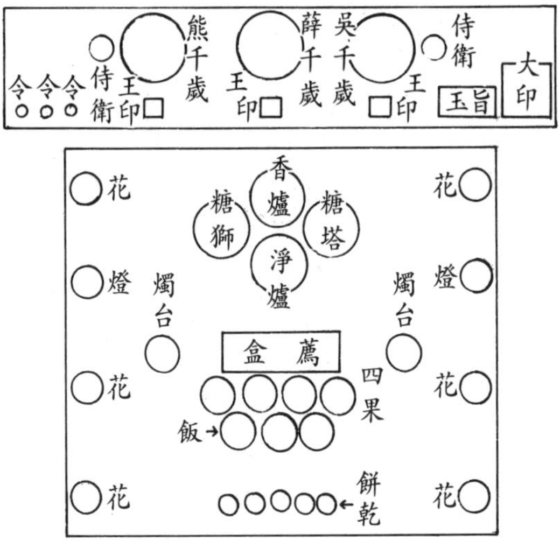

「大廳爺」辦公所：在殿前置一長神案，上放「大廳爺」神像一尊，旁置紙糊之神差、兵卒、馬匹等，台灣本島王爺廟有加祀「總趕公」者，但澎湖「送王」並不奉祀該神。

醮壇：在北極殿殿後設三清壇，殿前設三界壇。三清壇懸掛玉清、上清、太清等畫像於其深處，即原來廟宇正殿神龕之前作爲三清宮，供奉元始天尊、靈寶天尊及道德天尊。左旁懸掛玉皇上帝畫像，以為玉清宮：右旁懸掛紫微大帝畫像，以為紫微宮，其兩旁並掛滿天府、地府、水府諸神畫軸。利用神龕前狹小地方放置供品：最後面供「糖塔」，左前側放小香爐，右前側放大香爐，再前正面放薦盒、兩旁各放一尊紙人，其前供餅乾，再其前供飯，左側供蜜餞、冰糖等，右側供糯米粉粿，最前面放兩枝燭台。

三清壇正面中間置一長桌，桌上放「主會」、「副會」、「都會」、「頭家」、「鄉老」等十二人合設之斗燈三座（每四人合設一斗燈）。澎湖建醮概不設斗燈首，故無斗燈首之斗燈。其前設科儀桌一張，桌上放置香爐，兩旁放燭台、花，其前中供「糖獅」、「糖塔」，右側放五雷令，其前中放淨爐，左側供糕餅，右側供糕餅及小碗飯，其前放四果，最前面左側置磬，右側置木魚。

三界壇設於靠近廟門之殿前，與三清壇相對，懸掛三官大帝畫像，上貼橫批曰：「叩答蒼穹」，對聯云：「玉笈聲開三界內；金鐘韻震九天中。」設天公桌於三界壇前，以兩張大小方桌墊高而成，上面供桌較小，桌上放置「燈座」一座，前供「糖獅」「糖塔」，其前放香爐再其前供「糯米龜粿」、「糕仔」，最前面放薦盒。下面供桌較大，桌上供「糖獅」、「糖塔」，前放香爐，其前放淨爐、四果，再其前供茶，兩旁放燭台，最前面供「五牲」及酒。該桌之下並供奉「虎爺」一尊。

三界壇之左後方設天師道德壇，右後方設上帝道德壇，其前各放供桌一張，桌上放「糖塔」、香爐、「糯米粉粿」、糕仔、飯、燭台等。

鑑醮諸神分別安置於殿內兩側之長桌，前放供桌，桌上放六村公廟之「官將頭」神像及「虎爺」等，前供「糖獅」、「糖塔」，兩旁放燭台，其前供餅乾、糖果、飯等。

廟之門前兩側分置用紙糊之「四騎」神像（各側兩騎），四位神明分騎虎、豹、獅、象，威風凜凜，把守道場。整個醮場之排場如圖二：

圖二

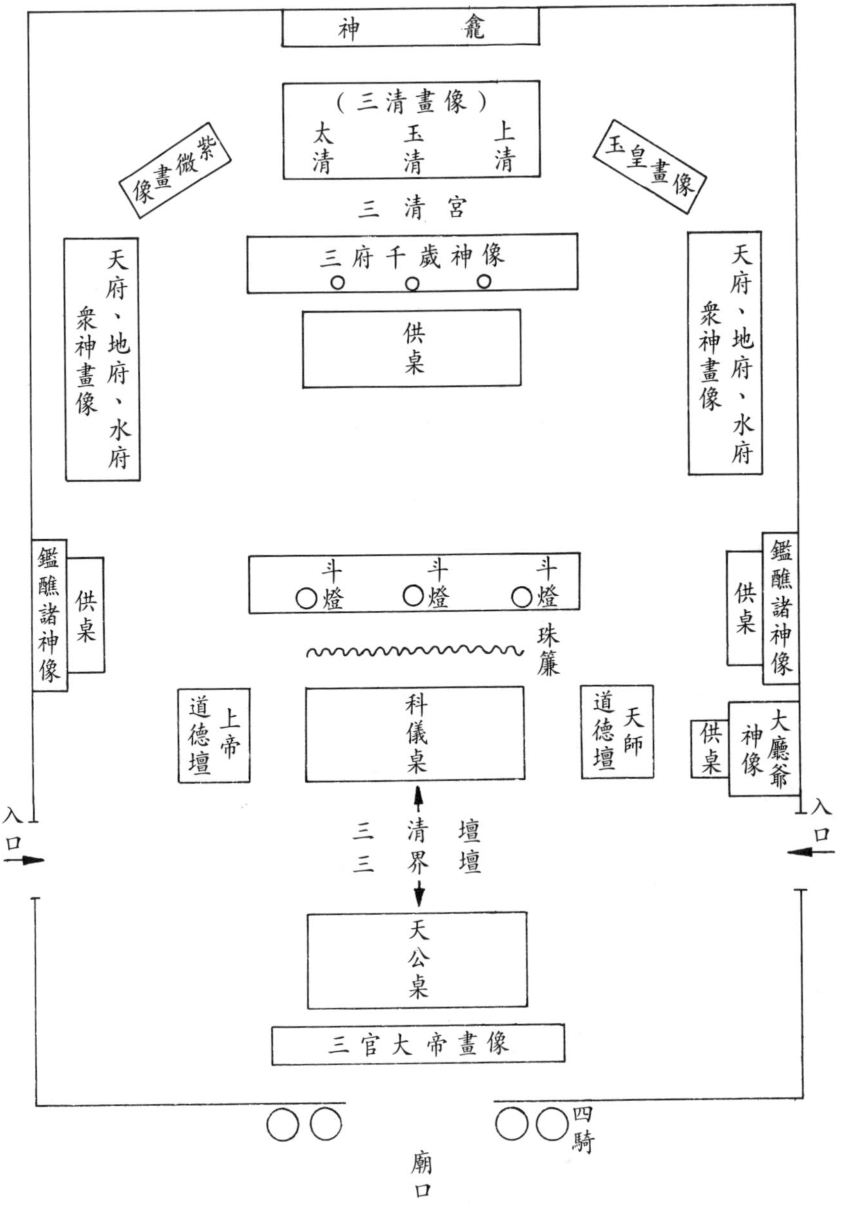
神 龕
（三清畫像）
太清
玉清
上清
紫微畫像
玉皇畫像
三清宮
三府千歲神像
供桌
天府、地府、水府眾神畫像
天府、地府、水府眾神畫像
鑑醮諸神像
供桌
鑑醮諸神像
供桌
斗燈
斗燈
斗燈
珠簾
上帝道德壇
科儀桌
天師道德壇
大廳爺神像
供桌
入口
入口
三清
三界
壇壇
天公桌
三官大帝畫像
四騎
廟口

●大爐主家前之燈篙。

台灣本島廟宇建醮，多在廟前豎燈篙，作爲對天神、地祇以及孤魂等界昭告醮場業已成立之標識，但澎湖卻無此俗，僅在廟埕豎旗杆一枝，上綁一長一短之樹枝，懸掛黃色四角旗一方，旗之中央畫一紅圈，圈內以紅字書一「令」字，並在旗之上下左右，分書「合」「境」「平」「安」四個紅字，其下掛天燈一個，對天神地祇標明建醮地址，以便諸神前來鑑醮。

「爐主」依例可在自宅前院豎立燈篙一竿，表示其特殊身分。紅羅村「爐主」之燈篙，全長約五至六公尺，竹竿頂套長約一公尺之套子，上爲彩色的寬三十公分之龍頭，掛上俗稱「蝴蝶」之木具，懸七尺二寸長布條，又約在燈篙之中段掛四方旗，旗之中央畫一黃圈，內以黃字書「帥」字，旗之上下左右，分書「合」「境」「平」「安」，各「爐主」所懸掛的長布條及四方旗顏色有所不同，「大爐主」燈篙懸掛的長布條係黑色（北極殿主神爲「玄天上帝」乃以黑色爲大）；「二爐主」爲藍色；「三爐主」乃紅色。「大爐主」燈篙懸掛的四方旗係黃色；「二爐主」爲紅色；「三爐主」乃藍色。閒別村「爐主」燈篙之形制，與紅羅村未盡相同。

3 儀式概況

在澎湖作三朝醮時，主壇道長必須在廟內坐禁。於廟內殿設一床，床上置一小几，几上放淨爐，燃燒淨香。主壇道長身穿白衫，靜座於床上，每日子、卯、午、酉四個時辰，口唸七壇咒（①洞中玄虛咒②淨心咒③淨口咒④淨身咒⑤辟邪咒⑥異品鐘龍秀咒⑦金光咒），手作指法。建醮期間道長必須住於廟內，不得已出廟時，脚穿木屐，手持雨傘（頭不戴天，脚不踏地）始可。

十月二十三日（農曆九月十三日）下午八時排壇，次日起正式建醮，至十一月一日（農曆九月二十二日）結束，各日儀式概況如次：

第一天儀式

十月二十四日（農曆九月十四日）上午二時「起鼓」，先由「侍香」點香分與「爐主」、「鄉老」膜拜（各種科儀開始前均如此）。然後由道士五人主持，舉行「發表」（即發送表章，俾功曹傳達）儀式於三界壇，請神降臨。嗣舉行「請聖眞科」於三清壇，啓請諸神。休息後七時開經，穿黑色海青道士一人拜誦玉樞經。後由穿道服道士三人拜誦（其中一人擔任主誦，餘二人在兩旁助誦）朝天懺第一、二卷於三清壇。誦懺時後場使用鑼、鈸及北鼓等奏樂，後場人員亦以高聲助誦。「爐主」及「鄉老」一直在醮場隨拜。十時舉行「祀旗」於旗杆前，祀旗場之佈置如圖三：

圖三

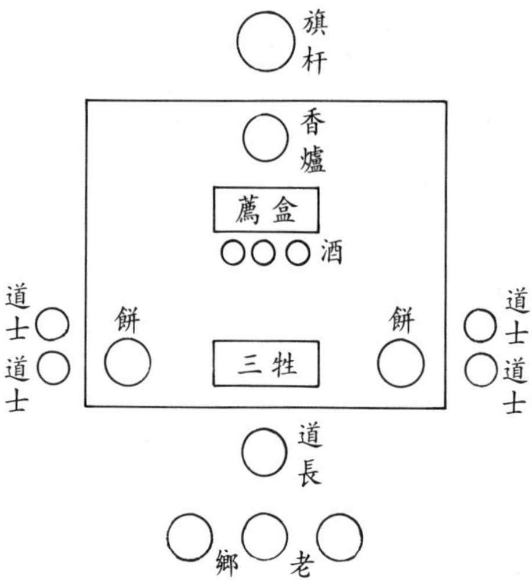

「祀旗」由道士五人主持，道長拜誦「祀旗經」，其餘道士四人分立兩旁助誦，道長讀疏文，祭拜一番後撤餅乾與硬幣而禮成。全程輪值「鄉老」持香在後隨拜。

十一時三十分，道士五人舉行「獻供」（又稱獻敬）於三清壇，「爐主」及「鄉老」上香膜拜後，道長讀疏文，誦「獻供經」，然後道士歌舞一齣戲，分別獻「香」「花」「燭」「茶」「果」

（或獻「香」「花」「茶」「果」「財寶」），朝覲諸聖。道長持蓮蕉舞蹈一陣，並口唸吉祥語，謂之「五獻」。

午餐後休息，下午三時三十分，由穿道服道士三人拜誦朝天懺第三、四、五卷於三清壇。

晚餐後「鬧廳」，下午七時，由道士五人主持舉行「分燈捲簾」於三清壇，即分燈光眞，捲簾覲帝及鳴金戞玉（在澎湖又稱「鳴鐘擊磬」）。

●道長主持「獻供」科儀。

其排場如下：

三清壇正面中間置斗燈桌一張（詳細情形上文已述及，茲不贅言），其前懸一竹簾，簾上貼黃紙黑字書寫之文書，文曰：

師號泰玄上相大法天師，降神於魁斗之中，承授於大羅天上，教法流傳於正乙，印信傳授於高功。劍握雌雄，見斬妖精於治世；丹成龍虎，扶持道法於人天。助國救民，驅邪輔政，

●「分燈捲簾」科儀之佈置。

大悲大願，大聖大慈，祖師降魔護度天尊，皈依至道，回拜師尊，肅整威儀，祈保平安。

聖號北極佑聖亦武龍尊，混元祖炁之降生，金闕眞尊之應化，統虛危之二獸，居壬癸之一方。德並乾坤，位列鎮天之眞武，功行下世，尊稱治世之福神，普救衆生，消除業障，大悲大願，大聖大慈，玉虛使相，玄天上帝金闕化身，蕩魔天尊，皈依至道，回拜師尊，肅整威儀，祈保平安。

下貼以黑字書「捲簾」兩字之紅紙，其左貼書「左使相」，右貼書「右使相」之紅紙。再下貼書「戞玉」「鳴金」之兩紅紙，其下以金字書一大「闕」字，旁貼一對聯曰：「五色祥雲通帝闕；八音雅音引朝儀。」

竹簾之前放一供桌，上置一斗，內放「秤」「劍」「筆」「尺」「印」「燭」「五雷號令」「蓮蕉花」等，兩旁放燭台，其前左放鐘，右放磬、法鈴等，桌下放一個火爐。

表演「分燈捲簾」節目時，道長仍身穿絳衣，脚著朝鞋，道士兩人穿道服，兩人穿黑色海靑。「爐主」及「鄉老」參拜後開始科儀，茲將筆者所目睹之情形簡錄於左：

①道長步罡踏斗，唸咒文（文曰：「元亨利貞，魁星轉生，日月星斗，燦爛光輝。」），以驅除魑魅，清理壇界。

②道長召班，與道士對舞。

③各道士依序獨舞。

④接扇、煽火。

⑤熄火（將壇內所有火燭、電燈均予熄滅），然後道士手持火把祭拜後對舞一番。

⑥道士一人到廟外引火，唱：「鞭打三通，引火炎光。」燒金紙，並放三個鞭炮。

⑦將火燭一枝一枝點燃後又予熄滅。

⑧道士三人各引一把火，進玉清、上清、太清宮，點燃燈燭。

⑨道長唸咒文後「發表」。

⑩點燃火把、火燭，並啓開電燈，醮場大放光明。

⑪道士手執火把走動搖晃，先從三清壇起，次及三界壇，以至道場內之斗燈等所有設施，在壇前對舞好幾次，依後場所奏音樂之曲牌行走。

⑫道長收齊所有火把，予以熄滅。

⑬唸淨口、淨心、淨身三咒文(或唸分燈咒)。

⑭道長祭拜，道士四人分立於竹簾之兩旁，將竹簾分三次捲起。

⑮道長唸三壇咒。

⑯道長唸「辟非」、「禁壇」、「含陰」、「昌陽」四張牒文。

⑰唸淨壇咒（文曰：「知天文，識地理，人長生，鬼滅盡。」）。

⑱燒金紙。

⑲燒牒文，每一張文件均在米篩上篩一下再燒，其意在辟邪。

⑳鳴鐘擊磬。

拆去科儀桌之法器，移置於後面之神案。

㉑拜誦五雷經籙及唸「啓奏咒」與「職位咒」。

第二天儀式：

十月二十五日(農曆九月十五日)上午七時，道士五人「請聖」於三清壇。早餐後休息，九時起著黑色海青道士一人拜誦北斗經、三官經，繼由穿道服道士三人誦朝天懺第六卷於三清壇。嗣舉行「祀旗」儀式於旗杆之下，其細節與第一天舉行者相同。然後行「獻供」儀式於三清壇。本日之「獻供」除「香」「花」「燭」「茶」「果」五項外，加獻「飯」「酒」「麵線」「財寶」四項，謂之「九陳」。

午餐後休息，下午三時三十分，穿道服道士三人唸朝天懺第七、八、九卷於三清壇。

晚餐後「鬧廳」，下午七時，由道士五人舉行「宿啓」儀式於三清壇。茲將筆者目睹之儀式實況臚列於後：

①「爐主」、「鄉老」三進香。

②道長跪拜。

③道長步罡踏斗，唸八局咒及驅邪縛魅咒。

③道長整肅威儀，洗淨後舉行三進香，三進茶（到玉清、上清、太清畫像前奉茶。）

④道士繞行到三清宮玉清、上清、太清畫像前稽首參拜，再出壇前（左繞一次、再右繞一次）。

⑥道長拜誦「宿啓經」。

⑦道長唸「宿啓九天疏」。

⑧道士一面唸咒文，一面繞行至三清宮玉清、上清、太清畫像前參拜，共四次，最後一

次道士分由兩旁步出壇前。

⑨道長唸經、跪拜、上香。

⑩道長到三清宮玉清、上清、太清畫像前參拜數次。

⑪道長讀青詞表文。

⑫道長舞劍調兵遣將，召「四龍」（台灣本島稱「四靈」），其意或云：「著『四龍』守護表文，以防被邪魔刼去。」或云：「五方結界，保境平安。」

⑬道長作法差騎於神馬之值日功曹（紙糊之馬及將軍）速送青詞上天庭，並燒表文。

澎湖「宿啓」儀式據筆者所見，與台灣本島所行者似有不同。（按：台灣本島「宿啓大法」即所謂的「勑水禁壇斬命魔」，由一位道士扮演妖魔，道長手持七星劍扮演捉妖者，一陣廝殺，妖魔終化成一道白煙，囚於壇下。澎湖之「宿路」並無是項表演。）

第三天儀式：

十月二十六日（農曆九月十六日）上午，道士五人舉行「早朝」、「祭將」及「進表」儀式。上午七時起，在廟內進行「早朝」儀式，淨壇、誦經冊後出廟，在戲台前先由「爐主」、「鄉老」參拜，繼由道長拜誦「上表經」，讀大疏，然後道長及道士，「爐主」、「鄉老」全部「過火」（跨

●道長舞劍召「四龍」。

●道長焚化「黃表」，行「觀燈入醮」科儀。

過燃著木炭之火爐），洗淨避邪。道長整冠整衣，整肅威儀，率領道士改穿木屐上戲台，行覲見大禮。道長之頭冠及絳衣均別符令，先勅符，行老君指法，唸五雷咒，貼五方符。誦經後三進香，整肅衣冠見朝。然後持刀而舞，口噴符水，調兵遣將祭煞，是為「祭將」。道長祭拜後開函宣讀紅色表文（紅表疏）祈求國泰民安，澳民平安。嗣將表文挿於紙糊之騎在神馬的將軍（值日功曹），並予焚化，表示恭送值日功曹攜帶醮儀科表上天庭表明信徒一片赤誠，請玉帝鑒察，並祈求醮域平安，是為「進表」。末了道士們回到廟內，稟告教主「祭將」「進表」已完成。

早餐後休息，九時著道服之道士三人拜誦朝天懺第十卷於三清壇。然後舉行「祀旗」及「獻供」，其儀式均與第一天科儀相同。嗣到「爐主」之家「獻供」，先到「大爐主」宅，門上貼有紅聯，橫批為「萬紫千紅」，對聯曰：「獻花敬佛望庇佑，供果成眞保安寧。」在「大爐主」家中神案前舉行「五獻」如儀後，依序至二、三爐主之家舉行「獻供」。

午餐後休息，下午二時舉行「觀燈」（又稱「關燈」）祭本命燈，祈求消災解厄，增添壽齡，然後「入醮」。其儀式概況如下：「爐主」、「鄉老」上香參拜，道士一人誦經「拜斗」，繼在各壇唸「觀燈咒文」是為「觀燈　」。「爐主」、「鄉老」上香、上茶、叩拜（三跪九叩首）後，道士五人叩拜於三清壇科儀桌之前，拜誦「入醮道場經」。道長步罡踏斗，唸「淨壇咒」淨壇後，唸「五星咒」調五星，借祂們的力量使之光明。向「玉皇」誦經後進行三進香、三進茶。每進香、進茶之前，必先整肅威儀，再趨三清宮進香、進茶，恭謹參拜。嗣下十二條愿如後：一願一人有慶；二願二氣澄明；三願三師傳教；四願四境安寧；五願五常順序；六願六律和鳴；七願七星獲覆；八願八節常亨；九願九州安泰；十願道法興行；十一願人人福壽；十二願合家境康寧。然後持「道壇黃表」拜後焚燒該表，並到三清畫像前「謝神」。道長誦經後，撕下張貼於壇前之靈寶修設清醮榜文誦讀後，連同金紙一齊焚化，並燒三官燈座，是爲「入醮」。至此三朝醮儀告成。祭拜後之大豬交紅羅村，分與民丁。

第四天儀式：

自十月二十七日（農曆九月十七日）起舉行「王爺醮」三天，由於建醮之對象不同，張貼於壇前之靈寶設醮榜文文句稍有不同。至於本日科儀，概與第一天相同。

第五天儀式：

十月二十八日（農曆九月十八日），本日科儀與第二天相同。

第六天儀式

十月二十九日（農曆九月十九日），本日科儀與第三天相同。

●道長召龜精來獻供。

第七天儀式：

自十月三十日（農曆九月二十日）起三天爲北極殿主神與鑑醮諸神暨澳內列位尊神建醮三天。由於建醮之對象不同，故靈寶設醮榜文文句稍有不同。至於本日儀式，概與第一天相同。

第八天儀式：

十月三十一日（農曆九月二十一日），本日科儀與第二天相同。

第九天儀式：

十一月一日（農曆九月二十二日），本日乃全部建醮之最後一天，故除舉行第三天之科儀外，添加下列節目：

①「獻供」儀式之末段有道長召東海龜精、南海鼇精、西海蝦精、北海蟳精，湊成四寶，一齊「獻供」之表演。道長及扮演精靈之道士對答一些吉祥語，其意乃希望牠們帶魚蝦進港，使衆弟子出海滿載而歸。又到「王船」前「獻供」，名曰：「獻彩船」，並到「四騎」及「大士爺」前「獻供」。

②「入醮」之前有「退簾」（又稱「割簾」）」之節目，「退簾」時道長跪於三清宮，云：「吉日退門簾，八節應四時，祈求合境安，庶民樂唏咦。」三拜後，由道士割簾。

③是日舉行「普度」，在廟之左前方空地搭建塑膠棚爲「孤棚」，並於棚前豎牌樓一座，上書「澎湖紅羅北極殿普施陰光會場」，對聯曰：「普濟無邊濟登覺岸；度超有幸同慶春台。」並於廟前石柱張帖下列文告。

大開甘露門

爲普度事，照得芟郭亭所孤魂滯魄，沉淪苦趣，未獲甘露之恩，難脱劫數之厄，茲逢北極殿設醮，

暨合澳衆弟子等同誠涓此本月十四日

爲起

北極殿奉道設醮答謝平安，訂于本月二十二日夜聊伸普度，便是超升路徑，爾等本里界内溺陷孤魂滯魄，失祀靡依等衆，前來同沾飽煖，陟上仙階，須至榜者㊎

右榜誥諭幽顯悉知

天運民國七十七年戊辰年九月二十二日夜榜

廣　度　沉　淪　天　尊　粘　飽煖施行

●道長主持「獻彩船」儀式。

又「鄉老」二人，道士三人（一人持香，一人打鼓，一人打鑼），先到村之「中營」，放好紙人偶（五方童子之一，黃色）、牲醴一付、酒一瓶、飯、湯等及燈一盞，然後再到東、西、南、北營頭，分別放置紙人偶（俱為五方童子之一，東營綠色，西營白色，南營紅色，北營黑色）並點燈後收回至中營一齊致祭，通告轄境孤魂野鬼到廟前普度場飽餐一頓。

普度開始之前,抬「大士爺」「四騎」及「寒林」、「同歸」兩所安置於孤棚內深處之一端，寓意「大士爺」押孤至普度場，「大士爺」居中，「四騎」分立兩旁，五方童子排於「大士爺」之前，兩旁設香案，享以牲醴、四果、佳餚，並置盥洗用具於案前。

此次普度，除紅羅村民各戶紛紛抬供品前來陳列外，參加「祭王」之其餘五村，亦各備美餚一桌。大豬（六十多頭）。、牲醴、佳餚、水果、罐頭、煙、酒、糕餅、飯等，排滿了孤棚內之供桌。普度開始，道士先「淨筵」，灑水淨化孤棚祭品然後說法和誦唸經懺，使野鬼能聽經懺超度，並遵照「大士爺」指示之十八條戒規，享用祭品。其間並依經懺的段落，不定時丟擲糕餅或硬幣，任人搶拾。

十一月二日（農曆九月二十三日）上午三時零八分，俟廟內「祀酒」儀式結束，普度亦同時宣告結束，在孤棚左邊空地「送孤化紙」，將「大士爺」等紙像連同金銀紙一齊焚燒，道長三稽首，口唸：「稽首皈依無上道、皈依無上經、皈依無上師。」像徵鬼王已率領野鬼離去，於是村民紛紛搬回祭品。

④普度結束後道士返回廟內，舉行三獻酒，口唸「辭佛咒」，謂之「辭佛」。（按：道教本應稱「神」，不宜謂「佛」，由此似可見澎湖道教用語有民間信仰化之傾向）

⑤「辭佛」後道士五人在廟內繼行「和瘟醮」儀式。備和瘟旗、和瘟符，「侍香」點香分與「爐主」、「鄉老」膜拜後，由道長淨壇，拜誦和瘟經，口唸七壇咒，開鞭，鳴角召營，讀和瘟疏，文曰：

叩蒙

三府千歲代天行化，福庇生民，雕造寶駕，進遊境域，肅清境土。恭迎　聖駕，衆等虔設華筵，和瘟致敬，奉送仙天，遠歸外島，涓卜九月二十三日奉送，仍冀鄉里安靜，人物平安，男添百福，女納千祥，五穀豐登，六畜昌盛，海利大進，滿載榮歸，財源廣進，利路亨通，年年添丁，日日進財，鄉里安靜，男女康寧，四時無災，八節有慶，全叩萬庇，謹疏以聞。

天運民國七十七年戊辰年九月二十三日

然後焚燒該疏與金紙，除道士一人留下，負責天明後送和瘟旗至「王船」，俾一齊焚燒，以及參與「送王」等節目外，餘領取酬金，或就寢，或漏夜趕回家。

二、私醮

澎湖縣馬公市重慶里城隍廟神誕，依例先建「公醮」，然後應衆信徒之請，逐日舉行「私醮」，茲將筆者於七十一、二年採集所得情形臚列如下：

㈠於廟宇預定舉行當年作醮日期前，向主事者申請作私醮，並請其安排舉行日期。

㈡道士於作醮前，利用廟宇前殿空間佈置道場，其形狀大略如下：

1 三清壇

(1)前殿正面懸掛「元始天尊」「通天教主」「李老君」「玉皇大帝」「紫微大帝」「張天師」「玄天上帝」等神之畫像。(視場所空間多大，決定懸掛多少神像)

(2)在上述神明畫像前橫放之長桌上，放置「斗燈」。

(3)將放於上述長桌前之方桌，權充科儀桌，其上放「糖獅」若干，兩旁放「香筒」一對，前放「五果」，再前放「香爐」一個，兩旁放「蠟燭」一對，再前放「水果」、三杯「清茶」，其旁放「金紙」一堆。

(4)接上述方桌之前排一方桌，亦充作科儀桌。桌上最後面放中型「香爐」一個，其前放大型「香爐」一個，旁邊放大「蠟燭」一對，前放「三果」，其右旁放「五雷號令」，左前方放「小鐘」，右前方放「小鼓」。

(5)科儀桌之左前方懸掛「南斗星君」畫像，旁貼一聯曰：「道由心學德先立」，右前方懸掛「北斗星君」畫像，旁貼一聯曰：「守護眞壇崇君子」。南斗星君及北斗星君神像前各置供桌一張，上放「香爐」一個，旁放「蠟燭」一對，其前放水果。

2 三界壇

(1)於廟內大門之前，懸掛「天官」「地官」「水官」三大帝之畫像。

(2)上述神像前放置墊高之「天公桌」一張，上放「祭品」，其前放「香爐」一個，兩旁放「蠟燭」一對。

(3)天公桌前放普通之供桌一張，上放「香爐」一個，兩旁放「花瓶」一對，「蜜餞」、「水果」等，桌下供奉「虎爺」一尊，其前放小「香爐」一個。

道場平面略圖如左：

道場平面略圖

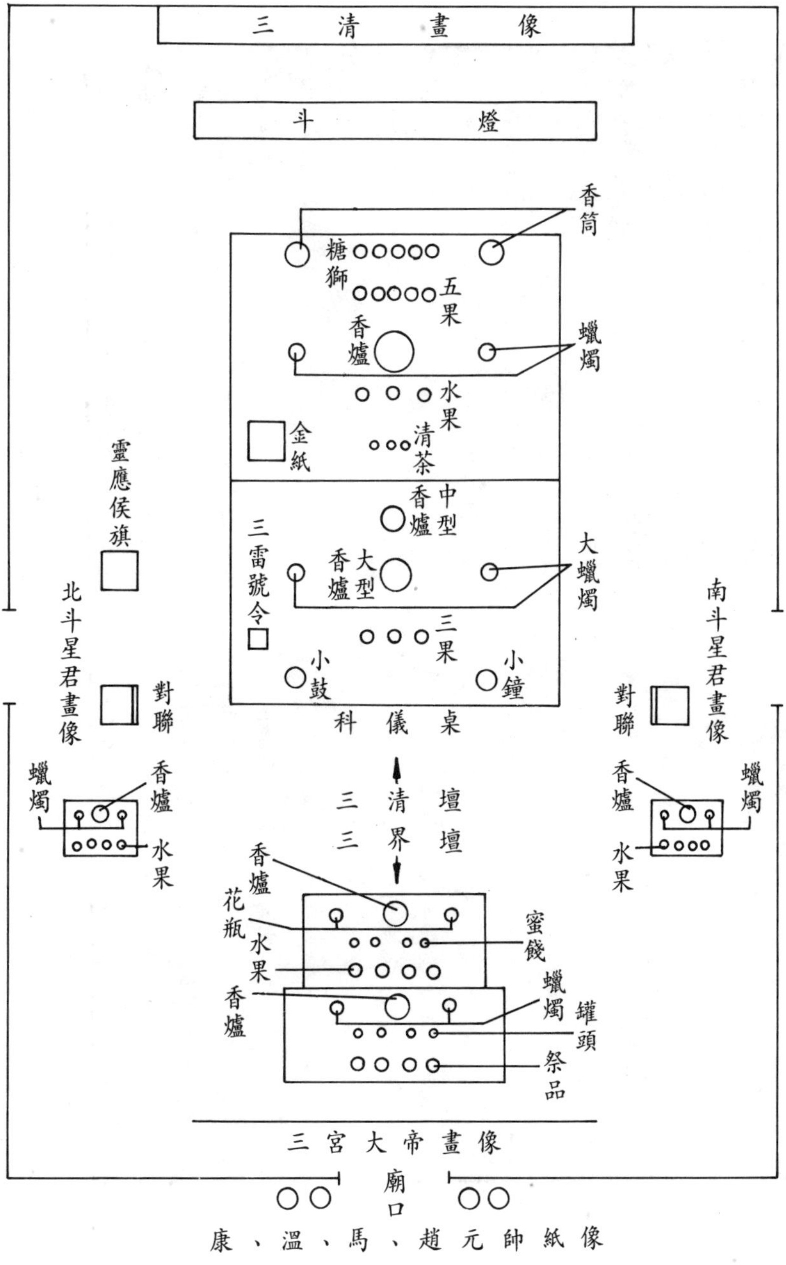
三清畫像
斗燈
香筒
糖獅
五果
香爐
蠟燭
水果
金紙
清茶
中型香爐
大型香爐
三雷號令
大蠟燭
三果
小鼓
小鐘
科儀桌
靈應侯旗
北斗星君畫像
對聯
南斗星君畫像
對聯
蠟燭
香爐
水果
三清壇
三界壇
香爐
花瓶
水果
蜜餞
香爐
蠟燭
罐頭
祭品
三宮大帝畫像
廟口
康、溫、馬、趙元帥紙像

與台灣本島的建醮道場比較簡略的多了。

㈢作醮之前，張貼榜文，茲錄榜文一例於左：

榜文

靈寶修設清醮答謝神恩保佑植福全章
太上正一盟威經籙玉堂掌法　仙卿知天醫斗
府兼北極芟邪事徵臣許〇〇爲設醮答謝事，誠
惶誠恐，稽首頓首，與醮主道衆，臨壇謹表，
爲　今據
台灣省〇〇縣〇〇市〇〇路〇段〇〇〇巷〇
號居住，恭就
澎湖城隍廟神連壇奉
道修設清醮賽答前愿，保佑植福。
弟子黃〇〇家屬黃〇〇弟子婦許〇〇
女兒黃〇〇黃〇〇男兒黃〇〇
暨合家衆弟子醮禮者伏以
願則當頭，恩須必報，淳聖德之宜攸，稽首
知皈惘心思酬。茲因民國六十七年信女黃〇〇
到本廟焚香叩求壇主
靈應侯，威靈赫濯，扶持庇佑弟子黃〇〇功名
及第職務高升，事業順利，合家平安，願喜設
酬謝，果蒙有應，不敢負恩。
謹涓本月〇日仗道于本廟內立壇啓建靈寶修
設清醮賽答善愿一會行事，一朝上奉高眞下祈
庇佑，于早晨發表文字啓白，迎請
聖眞宣經演懺，揚旗掛榜，招集芳祥，中午
獻供酌水奇花，觀祝本命星燈，合衆元辰光彩，
道場陞壇，拈香舞蹈，虔備香花、茶果、牲醴、
粿品、金珍等項，叩謝
靈應侯　深恩　伏願
降施　百福，英靈流芳，默祐千祥，普濟慈
光，禱之必應，感而遂通，士指雲路，農慶盈
倉，海利大進，萬寶朝宗，經營如意，利路亨
通，老者頌德，少者歌功，四時吉慶，八節安
康，全叨萬庇，謹此上聰　以今
玄壇初啓，切恐邪魔、外道未知事由，侵犯
壇界，合請本壇官將，當境神祇，疾速掃蕩妖
氛，肅清道境，恭迎聖駕光降道場，醮事完週
言功遷賞須至榜「　」(視作醮的性質分別書寫
適當的字)
右榜曉諭各宜知悉
天運壬戌年閏四月　日給
泰玄都賓主祖師三天大法天師眞君張

●私醮醮場狀況。

▼安置於孤棚之「大士爺」等。

榜

發壇前張掛

(四)作醮時間分配如下：

1.第一天：第一節，自下午六時三十分至七時。第二節，自下午八時至八時三十分。

2.第二天：第一節，自上午六時三十分至七時三十分。第二節自上午八時三十分至十一時三十分。第三節，自下午三時至四時三十分。

(五)節目內容

1.第一天第一節：道士發表文（送公文稟告），表文共四份：一份呈三清七寶宮、昊天玉皇宮、天地水府宮。一份送眞靖百神守玄眞一壇諸員官將吏兵。一份送當地土地里域正神。一份送守旗六甲使八卦大神。並呈狀。各種表文格式如左：

靈寶大法司　關
當司　拜發
文字仰仗威尊傳送者一請狀三方函謹上詣
三清七寶宮門下昊天玉皇宮門下天地水府宮
門下
列聖遠近司命等神各投進須至關發者
右關
日值功曹使者仰疾速承領文字以時飛雲走霧
駕馭乘風逕詣三天金闕雲漢星君下至　五嶽
酆都洞淵大帝祈天地以咸知請
聖眞而降格在途不許稽延有妨謹關
天運　年　月　日吉日關
三天大法天師眞君　張
主行科事　許
關

靈寶大法司牒
本壇今爲奉
道設醮　保佑植福
暨合　衆　子人等涓此本月　日
仗道就于廟內立壇啓建　靈寶修設清醮
一會行事　朝上奉高眞下祈庇佑除已具奏奉
請　三清玉帝及三界係醮眞仙俯降醮筵證盟
收奉
外須至專牒者
右牒

應一通眞靖百神守玄眞一壇諸員官將吏兵准
此開度謹牒
天運　年　月　日吉時牒
三天大法天師眞君　張
主行科事　許
牒

靈寶大法司　帖
本壇今爲奉
道設醮　保佑植福
暨合　衆　子人等涓此本月　日
仗道就于廟内立壇啓建　靈寶修設清醮
一會行事朝上奏高眞更祈庇佑合　人口平安
事本司得此除已具申奏請外慮壇于未嚴恐事
干
褻瀆須至帖者
右帖
當處土地里域正神疾速掃蕩妖氛肅清壇界祗
迓高眞俯臨醮座毋或不均上干玄律謹帖
天運　年　月　日吉時帖
三天大法天師眞君　張

主事科事　許
帖
靈寶大法司　牒
本壇今爲奉
道設醮　保佑植福
暨合　衆　子人等涓此本月　日
仗道就于廟内立壇啓建　靈寶修設清醮
一會行事　朝延奉恩光更祈平安得此除已具
由奏請外慮就合于寶旗盟天告地須至牒者
右牒
守旗六甲使八卦大神請詳前項事理恭惟　上
帝勅令毋或干冒神威伏俟謹牒
天運　年　月　日吉時牒
三天大法天師眞君　張
主行科事　許
牒
皈　依　奉
道設醮　平安保佑植福
暨合　衆　人等虔設

醮禮涓卜今月　日仗道
虔　備
香花茶果
金珍等儀
右謹具狀
上獻以聞
謹　狀
天運　年　月　日狀上

2.第一天第二節：請神
3.第二天第一節：道士誦三本經（誦玉樞、北斗、三官三經）。
4.第二天第二節：道士誦三本懺（誦三官懺——即上元、中元、下元懺）、祀旗（即祭旗——祭守旗將）、獻敬（獻祭物）。
5.第二天第三節：道士祝燈（即祭本命燈祝壽）、入醮（報告神明一切醮事已辦畢）。
一面道士作法事，一面樂師打鼓吹笛，道士時而誦經懺，時而依樂聲起舞，十分嚴肅，非常賣力。

在道士作法事期間，申請作私醮的信徒及其家屬要輪流在神前跪拜，非常辛苦，但莊嚴氣氛，令人油然而生虔誠從善之心，至少有感化及心理治療的效用。

(六)作私醮一次所需費用（以民國七十一年六月間為準）共計新臺幣一萬二千五百五十元，詳細開支情形如下：
1.給道士五人及打鼓、吹笛二人計七人之報酬共八千元。
2.給廟內雜役工資七百元。
3.請廟祝代購下列祭典用物品：
4.信徒自備「五果」一付、「四果」二付、「單果」二十份、「三牲」一付、「五牲」一付、紅龜粿三台斤、發粿一塊、及面巾數條，所需之款計一千六百六十五元。

品名	數量	單價	金額

特大型太極金	二小刀	二五元	五〇元
大型太極金	二支	一二〇元	二四〇元
中型太極金	二支	五〇元	一〇〇元
小壽金	二支	四五元	九〇元
保命錢	三六〇〇萬	(每一百萬)一五元	五四〇元
金錢	二〇只	(每一〇只)九元	一八元
長壽香	二斤	六〇元	一二〇元
頂上香	二斤	五〇元	一〇〇元
東柴	二公匆	三五元	七〇元
淨香	一包	一五元	一五元
連炮	三〇連	一・四元	四二元
大炮	四〇發	〇・四元	一六元
古炮	四綑	三五元	一四〇元
小燭	八盒	一六元	一二八元
大燭	二對	二六元	五二元
高台	一付	一五元	一五元
寶馬	一匹	五〇元	五〇元
蜜餞	五小包	七元	三五元
供餅	四台斤	五〇元	二〇〇元
紅圓	二包	一四元	二八元
糕餅	二個	一〇元	二〇元
米酒	一瓶	一六元	一六元
茶葉			一〇〇元
計			二、一八五元

貳　祀茶與祀酒

神明之誕辰，或有交誼至深之他廟主神前來作客時，便要熱誠款待。如以酒宴誌慶就叫做「祀酒」，如僅用香花、茶果供奉就叫做「祀茶」。都選派善男擔任茶房生，而由禮生負責整個宴會的過程。

各廟主神誕辰之日，晚間例有壽宴。廟中神明及有交誼前來賀壽的其他廟宇主神，都由善男當茶房生，扶其就座，在席上擺出山珍海味，由衆神共食，叫做「硬宴」。如由禮生宣唱，分程進酒及進筵就叫做「軟宴」，所耗時間較久。宴畢由禮生宣唱升座離席，離席前並有犒賞，由神明賞賜諸効勞生之辛勞。上述儀式均由各執事及禮生等擔任之。

神明之誕辰，或交誼至深之他廟主神前來作客時，例要熱誠款待。如董事決定以酒宴誌慶就叫做「祀酒」，如僅用香花、茶果供奉，就叫做「祀茶」。都選派善男擔任茶房生（文澳城隍廟之茶房生選派高中生擔任），而由禮生負責整個宴會的過程。茲以馬公市西文里祖師宮主神清水祖師宴請高雄市大港埔清水祖師暨諸位神明為例，分錄「祀茶」及「祀酒」的程序如次。

一、祀茶

稟，大港埔清水祖師暨諸位菩薩，下殿奉茶。

安位：1大港埔清水祖師，2北極殿眞武大帝，3文衡聖帝，4溫極殿溫王，5清水祖師，6城隍尊神，7玄天上帝，8本宮清水祖師。

粘貼吊香。

稟，大港埔清水祖師暨諸位菩薩，進香。

稟，大港埔清水祖師暨諸位菩薩，進杏仁茶。

稟，大港埔清水祖師暨諸位菩薩，用杏仁茶。

稟，大港埔清水祖師暨諸位菩薩，進煙。

稟，大港埔清水祖師暨諸位菩薩，進梅花茶。

稟，大港埔清水祖師暨諸位菩薩，用梅花茶。

稟，大港埔清水祖師暨諸位菩薩，進清茶。

稟，大港埔清水祖師暨諸位菩薩，用清茶。

稟，大港埔清水祖師暨諸位菩薩，進檳榔。

稟，大港埔清水祖師暨諸位菩薩，用檳榔。

稟，大港埔清水祖師暨諸位菩薩，進面巾。

稟，大港埔清水祖師暨諸位菩薩，開臉。

稟，大港埔清水祖師暨諸位菩薩，進煙。

稟，大港埔清水祖師暨諸位菩薩，奉茶已畢，上殿就位。

二、祀酒

稟，大港埔清水祖師暨諸位菩薩，下殿奉筵。

●澎湖風櫃里溫王殿祀酒，由爐主、鄉老參拜神明而開序幕。

安位：1大港埔清水祖師，2北極殿眞武大帝，3文衡聖帝，4溫極殿溫王，5清水祖師，6城隍尊神，7玄天上帝，8本宮清水祖師。

稟，大港埔清水祖師暨諸位菩薩，進香。（粘貼桌框）

稟，大港埔清水祖師暨諸位菩薩，進席。

禮生、進燕官就位。（跪）

稟，大港埔清水祖師暨諸位菩薩，

今日到廟，薄筵奉敬，佑庇民康，地方安寧，五谷豐登，六畜昌盛，四時無災，八節有慶，大吉大吉。進燕官進頭碗五系平安燕。

進燕官叩首，禮畢。

稟，大港埔清水祖師暨諸位菩薩，進酒、招杯、舉箸。

稟，大港埔清水祖師暨諸位菩薩，用三系平安燕。（唱三次）

稟，大港埔清水祖師暨諸位菩薩，請令賜戲班座。

稟，大港埔清水祖師暨諸位菩薩，進九寸○○菜。

稟，大港埔清水祖師暨諸位菩薩，進酒、招杯、舉箸。

稟，大港埔清水祖師暨諸位菩薩，用九寸○○菜。

稟，大港埔清水祖師暨諸位菩薩，進品碗○

○菜。

稟，大港埔清水祖師暨諸位菩薩，進酒、招杯、舉箸。

稟，大港埔清水祖師暨諸位菩薩，用品碗○○菜。

稟，大港埔清水祖師暨諸位菩薩，進小碗○○菜。

稟，大港埔清水祖師暨諸位菩薩，進酒、招杯、舉箸。

稟，大港埔清水祖師暨諸位菩薩，用小碗○○菜。

稟，大港埔清水祖師暨諸位菩薩，進小點心。

稟，大港埔清水祖師暨諸位菩薩，進茶。

稟，大港埔清水祖師暨諸位菩薩，用小點心。

稟，大港埔清水祖師暨諸位菩薩，進煙。

稟，大港埔清水祖師暨諸位菩薩，進大碗、九寸、品碗、小碗菜。（亦可省略）

稟，大港埔清水祖師暨諸位菩薩，進大點心。進茶。

稟，大港埔清水祖師暨諸位菩薩，進煙。

稟，大港埔清水祖師暨諸位菩薩，進大碗、九寸、品碗、小碗菜。

稟，大港埔清水祖師暨諸位菩薩，進小點心。進茶。

稟，大港埔清水祖師暨諸位菩薩，進煙。

稟，大港埔清水祖師暨諸位菩薩，進品碗、小碗、九寸菜。

稟，大港埔清水祖師暨諸位菩薩，進大碗蜜四果湯。

獻燒刈

稟，大港埔清水祖師暨諸位菩薩，

物華天寶，人傑地靈，河清海宴，天下太平。進大燒。

稟，大港埔清水祖師暨諸位菩薩，請刀。

當朝一品，指日高陞，風調雨順，國泰民安。

五谷豐登，六畜昌盛，四時吉慶，合境平安。

稟，大港埔清水祖師暨諸位菩薩，進香皮。

稟，大港埔清水祖師暨諸位菩薩，進五香醬。

稟，大港埔清水祖師暨諸位菩薩，進酒、招杯、舉箸。

稟，大港埔清水祖師暨諸位菩薩，用香皮。

稟，大港埔清水祖師暨諸位菩薩，再請刀。

白雪花飛，玉盤捧肉，物阜年豐，虔敬薦馨。

稟，大港埔清水祖師暨諸位菩薩，進白玉肉。

稟，大港埔清水祖師暨諸位菩薩，進燒烤餅。

稟，大港埔清水祖師暨諸位菩薩，進酒、招杯、舉箸。

稟，大港埔清水祖師暨諸位菩薩，用白玉肉、燒烤餅。

稟，大港埔清水祖師暨諸位菩薩，再請刀。

五福增妍，受祿於天，益壽延年，萬全須堅。

稟，大港埔清水祖師暨諸位菩薩，進五福。

稟，大港埔清水祖師暨諸位菩薩，進紅白菜。

稟，大港埔清水祖師暨諸位菩薩，進酒、招杯、舉箸。

稟，大港埔清水祖師暨諸位菩薩，用五福。

稟，大港埔清水祖師暨諸位菩薩，進煙。

發賞

各位鄉老燒香。（禮生唱）

稟，清水祖師，請令發賞。（稟後回靠神像邊，再唱）

清水祖師有令發賞，各執事立班領賞。

○○鄉老或○○領賞。

●茶房生捧持神像進入「祀酒」場所。

—好—

叩謝清水祖師領賞。(唱：起、叩、好)

進燕官領賞。

值年鄉老領賞。

值年頭家領賞。

禮生領賞。

執事官領賞。(一人)

巡部官領賞。(一人)

旗牌官領賞。(一人)

燒烤官領賞。(一人)

裁官領賞。(二人)

高雜首領賞。(二人)

茶房領賞。(八人)

茶庫領賞。(二人)

吹班領賞。

廚房領賞。

乩童領賞。

小法領賞。

廟祝領賞。

炮手領賞。

打雜領賞。

●祀酒中禮生恭讀祝文。

戲班領賞。

稟，清水祖師，發賞已畢。

稟，大港埔清水祖師暨諸位菩薩，進下四碗。

稟，大港埔清水祖師暨諸位菩薩，進酒、招杯、舉箸。

稟，大港埔清水祖師暨諸位菩薩，用下四碗。

稟，大港埔清水祖師暨諸位菩薩，進煙。

稟，大港埔清水祖師暨諸位菩薩，開臉。

稟，大港埔清水祖師暨諸位菩薩，奉筵已畢，上殿就位。

澎湖村莊廟宇所迎請的「王爺」，於離境前，到有交誼的他村繞境時（俗稱「迎王」），如不在該地廟宇過夜，而僅暫時休息時，該廟執事人員舉行「祀茶」，招待「王爺」及隨同繞境之各廟主神。如在該廟過夜（此時俗稱該廟爲「王爺」之「行台」）即舉行盛大的「祀酒」招待之。

參　城隍爺繞境與「祀武」

農曆五月六日
爲西文里城隍廟主神壽辰，
祭典日一近，
到廟參拜的人更多，
鄰近各里之旅外同鄉，
紛紛組團回鄉參加祭典。
壽誕日之數天前，
城隍爺就要「出巡」巡視境內，
各種樂團、藝閣、陣頭，
紛紛前來參加。

馬公市有二座城隍廟，重慶里的城隍廟較大，爲閩澎信徒所崇拜者，通稱「澎湖城隍廟」。西文里的城隍廟歷史較久，但現僅爲其鄰近數里里民所崇拜，通稱「文澳城隍廟」。二座廟的城隍爺均定期舉行繞境，但以重慶里城隍廟信徒分佈較廣，規模十分宏大，而西文里城隍廟即以較具特色出名，茲將兩廟城隍爺繞境概況敍述於次：

一、重慶里城隍廟城隍爺的繞境

以民國七十九年（歲次庚午年）六月舉行的「靈應候出巡環島遶境護國祈安大典」來說，其工作單位計有指導單位：澎湖縣政府、澎湖縣議會、中國國民黨澎湖縣黨部、澎湖縣警察局、澎湖縣衛生局等五單位。協助單位：馬公市公所、湖西、白沙、西嶼鄉公所等四個單位。主辦單位爲澎湖城隍廟。承辦單位爲馬公市啓明里北極殿。協辦單位：閩澎三官殿。內垵村內塹宮（即池王廟）、閩澎觀音亭、閩澎天后宮、西衛里宸威殿、朝陽里武聖殿、復興里海靈殿、長安里北辰宮、重光里威靈殿、光榮里靈光殿、風櫃里溫王殿、合界村威揚宮、鎖港里北極殿、竹灣村大義宮、菓葉村聖帝廟、赤崁村龍德宮、安宅里周王廟等十七個單位。設籌備委員會，聘請王縣長乾同爲名譽主任委員，陳立法委員癸淼、許省議員素葉、縣議會黃議長建築爲名譽副主任委員、許國大代表水神爲名譽顧問、縣議會陳副議長昭玲及全體縣議員爲名譽委

●跟隨城隍爺繞境之「報馬」。

員，共襄盛典，可以說聲勢浩大。茲將該廟舉行的慶典概況略述如下：

㈠五月二十二日（農曆四月二十八日）：派車往參加祭典之廟宇，恭請神聖蒞廟鑑醮。

㈡五月二十三日（農曆四月二十九日）至五月二十五日（農曆五月二日）：建「天公醮」三天。

㈢五月二十六日（農曆五月三日）至五月二十八日（農曆五月五日）：建「主神醮」三天。

㈣五月二十九日（農曆五月六日）：為城隍境主靈應侯舉行慶祝華誕祭典、參加廟宇各派代表二人，參與祝壽祭儀。

㈤五月三十日（農曆五月七日）至五月三十一日（農曆五月八日）：建「私醮」，並準備繞境事宜。

㈥六月一日（農曆五月九日）：舉行第一天繞境，上午七時三十分開始辦理祭儀，各界首長、廟宇董、執事參拜後，於八時請令升座起駕，由該廟經馬公市街之建國、中正、中山、民權、中華路後，出發到馬公市烏崁里靖海宮、湖西鄉隘門村三聖殿、太武村玄靈殿、西溪村北極殿、紅羅村北極殿、青螺村眞武殿、白坑村玉聖殿、湖西村天后宮、湖東村聖帝廟、北寮村保安宮、南寮村保寧宮、菓葉村聖帝廟，用畢午餐後，繼續到龍門村安良宮、尖山村顯濟殿、林投村鳳凰殿、馬公市鎖港里北極殿、山水里上帝廟、五德里威靈宮、風櫃里溫王殿、蒔裡里水仙宮、井垵里上帝廟、鐵線里祖師廟、興仁里懋靈殿、闔澎三官殿，下午六時三十分，在三官殿廣場前舉行「過轎下」後，恭請城隍爺進廟安座，各單位代表參拜，是夜舉行「祀酒」。工作人員及隨香人員各自回家。

㈦六月二日（農曆五月十日）：上午七時三十分，工作人員及隨香人員集合於三官殿前廣場，各單位派員參拜後，請令起駕，舉行第二天繞境，先後到過湖西鄉成功村天軍殿，東石村泰靈殿、沙港村廣聖殿、沙港村土地公前北極殿、鼎灣村開帝殿、中西村中寮代天宮、中西村西寮代天宮、白沙鄉講美村龍德宮、鎮海村福安宮、港子村保定宮、岐頭村鳳儀宮、赤崁村龍德宮，用畢午餐後，繼續到後寮村威靈宮、西嶼鄉合界村后螺龍慶宮、合界村威揚宮、

●參加城隍繞境之神轎。

小門村震義宮、大池村治安宮、二崁村二興宮、池西村關帝廟、赤馬村赤樊桃宮（即李王廟）、外垵村外塹宮（即溫王廟）、內垵村內塹宮（即池王廟），下午六時三十分，在內塹宮前廣場舉行「過轎下」後，各單位代表參拜，是夜舉行「祀酒」。工作人員搭專車返回馬公，參加宴會人員餐畢亦乘車返回馬公。

㈧六月三日（農曆五月十一日）：工作人員於上午六時三十分以前集合於重慶里之城隍廟後，搭車往內垵村內塹宮，七時三十分各單位派員參拜，八時請令起駕，舉行第三天繞境，到西嶼鄉竹灣村大義宮、橫礁村五天宮、白沙鄉通梁村保安宮、瓦硐村武聖廟、南天宮、小赤村蝸鳴宮、城前村明新宮、中屯村永安宮、湖西鄉潭邊村東明宮、許家村眞靈殿、馬公市安宅村周王廟，用畢午餐後，繼續到東衛里天后宮、湖西鄉城北村北極殿、馬公市菜園里東安宮、石泉里朱王廟、前寮里朱王廟、案山里北極殿、東文里溫極殿、西文里祖師宮，在縣立文化中心用畢午餐後，繼續到西衛里宸威殿、重光里威靈殿、光榮里靈光殿、朝陽里武聖殿、闔澎觀音亭、闔澎天后宮、復興里海靈殿、啓明里北極殿、長安里北辰宮後，返回重慶里之城隍廟，在廟前舉行「過轎下」後，恭

●文澳城隍廟城隍爺繞境隊伍之「七爺」。

請城隍爺進廟安座，各單位派代表參拜，並舉行「祀茶」。

參加繞境之車輛計五十二輛，繞境地區包括澎湖縣馬公、湖西、白沙、西嶼四鄉市六十九村里、未到望安、七美兩離島鄉。

此外，該廟並爲參加祭典之衆神聖建醮三天，醮典末日舉行「普度」，另在廟內舉行「祀酒」。

二、西文里城隍廟城隍爺的繞境與「祀武」

西文里城隍廟信徒分佈較狹，故僅舉行鄰近之案山、前寮、石泉、菜園與東、西文里之繞境，雖規模較小，但旅外同鄉熱烈回鄉參加盛典，亦頗熱鬧、現就筆者於七十一年採集之資料，略述其概況於後：

㈠農曆五月六日爲西文里城隍廟主神壽辰，祭典日一近，到廟參拜的人更多，鄰近各里之旅外同鄉，紛紛組團回鄉參加祭典。壽誕日未到前數天，城隍爺就要「出巡」（又稱「繞境」）巡視境內，出巡前先貼出左列佈告。

西文里城隍廟布告

各執事週知

中華民國七十一年歲次壬戌閏四月二十八、二十九兩日，文澳城

城隍廟

境主出巡繞境日期及時間表

國曆 六月十九日

農曆 閏四月二十八日（星期六）

上午：

七點前到城隍廟集合。

七點四十分準時出發經由案山里繞境。

十一點三十分到案山廟祀茶休息。

十二點中餐。

下午：

一點準時出發，往前寮里繞境。

二點二十分在前寮里祀茶。

三點二十分出發，往石泉里繞境。

五點二十分到石泉廟行台。

次日（國曆六月二十日，星期日）

上午：

七點前在石泉廟集合。

七點三十分出發，經由菜園里繞境。

九點二十分在菜園廟祀茶。

十點二十分出發經由東文里，在溫王廟祀茶兼休息。

十二時中餐。

下午：

二點三十分準時出發，到東西文里繞境。

五點繞境完畢，入廟祀茶。（擊點開門）

(二)西文里城隍爺之繞境如上所述係在日間舉行，進香客與志願裝成神將者，隨城隍神轎遊行，其他廟宇亦派人抬主神所乘的神轎前來參加繞境，各種樂團、藝閣、陣頭，紛紛前來參加。在澎湖現已無發見脖子架首枷表示犯罪者參加。出巡行列，大多與台灣各地相同。是日境內各里民衆多在其住宅前準備冷飲，供人免費飲用，亦有準備點心者，招待頗爲親切。值得一提的是西文里城隍廟城隍爺出巡後舉行罕見的「祀武」儀武，茲將其排班情形及儀武程序簡錄如左：

●文澳城隍廟城隍爺繞境隊伍之八爺。

1 儀隊排班隊形

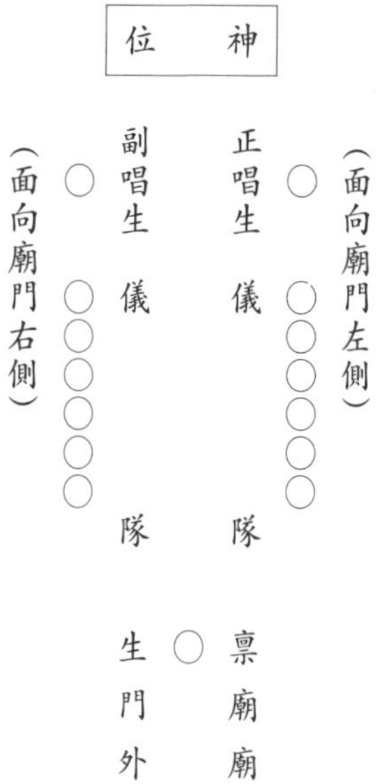

2 儀式程序

祀武（擊點、開門）

稟生唱：稟城隍尊神，下殿坐堂。（鳴大吹、放大炮。）

稟生唱：稟城隍尊神，陞堂。

稟生唱：稟城隍尊神，高陞——公坐。

正唱生唱：高陞。

副唱生唱：公坐。

稟生唱：稟城隍尊神，軍牢——陞堂。

正唱生唱：軍牢。

副唱生唱：陞堂。

稟生唱：稟城隍尊神，掩門囉。更鼓。（正唱生唱亦可）

稟生唱：稟城隍尊神，開門囉。（副唱生唱亦可）

稟生唱：稟城隍尊神，排班囉。

正唱生唱：排班囉。（連續唱三次）

副唱生唱：班齊。

稟生唱：稟城隍尊神，軍牢贊堂。

正唱生唱：軍牢

副唱生唱：贊堂

稟生唱：稟城隍尊神，進威武囉。

正唱生唱：進威武囉。（連續唱三次）

左側儀隊唱：威。

右側儀隊唱：武。

稟生唱：稟城隍尊神：皀隸排牙。

正唱生唱：皀隸排牙。（連續唱三次）

副唱生唱：皀隸排牙。（連續唱三次）

稟生唱：稟城隍尊神，進神龍棍囉。

正唱生唱：進神龍棍囉。

稟生唱：稟城隍尊神，收神龍棍囉。

副唱生唱：收神龍棍囉。

正唱生唱：進神龍棍囉。

副唱生唱：收神龍棍囉。

正唱生唱：進神龍棍囉。

副唱生唱：收神龍棍囉。

稟生唱：稟城隍尊神，發令，請令巡。

正唱生唱：城隍有令，請出巡。（第一次）

正唱生唱：皀隸排牙，城隍高陞、公坐。

左側儀隊唱：高陞。

右側儀隊唱：公坐。

正唱生唱：城隍有令，再出巡。（第二次）

正唱生唱：伏府復憲，城隍威刑振殿。

左側儀隊唱：威刑。

（合唱亦可）

右側儀隊唱：振殿。

正唱生唱：城隍有令，再出巡。（第三次）

正唱生唱：安坐大吉，城隍繞境平安。

左側儀隊唱：繞境。

右側儀隊唱：平安。

正唱生唱：迪。

左側儀隊唱：迪。

正唱生唱：福。

右側儀隊唱：福。

正唱生唱：大。
左側儀隊唱：大。
正唱生唱：吉。
右側儀隊唱：吉。
正唱生唱：排牙已畢。（左、右側儀隊亦各唱一次）
稟生唱：稟城隍尊神，繳令。
稟生唱：稟城隍尊神，進呈手本。
稟生唱：稟城隍尊神，讀手本。（由禮生讀）
稟生唱：稟城隍尊神，手本讀畢。（讀畢三叩

●文澳城隍廟城隍爺繞境之隨香信徒。

▼文澳城隍廟「祀武」儀隊進棍。

頭）

正唱生唱：城隍千秋，再千秋。

正唱生唱：皂隸叩頭，退邊。

巡部官唱：（稟生唱亦可）請城隍發令，差探子馬四圍打聽。

正唱生唱：城隍有令，探子馬投進來。

探子馬唱：投——到

副唱生唱：城隍有令，命爾探子馬四圍打聽，快準備來。

正唱生唱：城隍有令賜爾令旗一支，四圍打聽，快回稟報。

探子馬領令。開山、出發。

探子馬唱：探子馬回報。

正唱生唱：探子馬進囉。（探子馬開山）令你打聽如何？

探子馬唱：閤澎平安，萬事如意。

副唱生唱：城隍有令，令你探子馬再打聽來。

探子馬領令。開山、出發。

探子馬唱：探子馬回報。

正唱生唱：探子馬進囉。城隍有令，令你探子馬，將再打聽情形報上來。

探子馬唱：風調雨順，國泰民安，四時無災，八節有慶。大吉，大吉。

副唱生唱：城隍有令，爾探子馬，打聽有功，賞你金一封。

探子馬唱：叩謝城隍賞。

正唱生唱：起叩。

（放告牌）

稟生唱：稟城隍尊神，放放告牌。

稟生唱：稟城隍尊神，收放告牌。

稟生唱：稟城隍尊神，放簽押牌。

稟生唱：稟城隍尊神，收簽押牌。

稟生唱：稟城隍尊神，放用印牌。

稟生唱：稟城隍尊神，用印大吉。

正唱生唱：一科、二科、三科、四科、五科、六科，封條。

正唱生唱：城隍千秋，再千秋。

稟生唱：稟城隍尊神，用印已畢。

稟生唱：稟城隍尊神，收用印牌。

稟生唱：稟城隍尊神，坐堂已畢，上殿就位。

（鳴大吹，放大炮。）

肆 「王爺」信仰

澎湖的民間信仰以信仰「王爺」者最多，鄉間民衆之生活與祭祀「王爺」活動有非常密切的關係。

不但以「王爺」爲主神的廟宇經常祭祀「王爺」，非以「王爺」爲主神的廟宇亦定期或不定期迎請「王爺」駐紮廟內，虔誠祭祀一段時間，然後舉行「迎王」，出巡轄境內或有交誼的村里，最後送至海邊焚化，名曰「送王」。

筆者出身澎湖，根據田野調查，該地民間信仰以信仰「王爺」者最多，鄉間民衆之生活與祭祀「王爺」活動有非常密切的關係。不但以「王爺」爲主神的廟宇經常祭祀「王爺」，非以「王爺」爲主神的廟宇亦定期或不定期迎請「王爺」駐紮廟內，虔誠祭祀一段時間，然後舉行「迎王」，出巡轄境內或有交誼的村里，最後送至海邊焚化，名曰「送王」。上述祭王活動自「請王」始，而以「送王」終。

台灣本島對於「王爺」之稱呼甚多，計有：「王爺公」、「千歲」、「千歲爺」、「大人」、「老爺」、「瘟王」、「代天巡狩」等，至其由來有左列各說：

鄭王說：認爲「王爺」就是鄭成功，連橫（《台灣通史》、民國十年）啓其端，謂：台人「建廟以祀，而時已歸清，語多避忌，故閃爍其辭，而以『王爺』稱。比如花蕊夫人之祀其故君，而假爲樟潼之神也。」近蔡相煇先生（《台灣的王爺與媽祖》臺原出版社、七十八年元月）繼其後，其結論是：將軍廟或大王廟主祀鄭成功；二王廟合祀鄭成功、鄭經武文二王；大人廟或三老爺廟則祀鄭成功、鄭經、鄭克𡒉祖孫三人。

亡靈說：認爲「王爺」如同「有應公」，乃人死後衍化而成的神明。曾景來先生主此說（《台灣宗教與迷信陋習》、民國二十七年——昭和十三年十一月）。美國人康豹先生亦認爲「王爺」爲一種厲鬼（〈屏東縣東港鎭的迎王祭典：台灣瘟神與王爺信仰之分析〉民國八十年三月、刊載於中央研究院民族學研究所集刊第七十期）。

瘟神說：認爲「王爺」爲瘟神信仰，日人前島信次首先提出（〈台灣瘟疫神王爺及送瘟風俗之研究〉、民國二十七年十月、刊載於東京大學日本民族學會出版之民族學研究第四卷第四號），多數學者依此論述，劉枝萬先生在民國五十二年發表之〈台灣之瘟神信仰〉提出「瘟神演化六階段」中認爲第一階段之瘟神是散瘟殃民「疫鬼」本身；第二階段乃取締疫鬼，除暴安良之神；第三階段爲保護航海平安之海神；第四階段係醫神；第五階段是保境安民之神；第六階段爲萬能之神。（詳見《台灣民間信仰論集》、聯經出版事業公司、民國七十二年十二月。）

折衷說：認爲台灣王爺有兩支系統，一爲「瘟神系統」，一為「三老爺系統」，前者為一般瘟神，後者王爺中的朱王爺指鄭成功。此為石萬壽先生所倡（〈重興蔦松街三老爺官碑記自注〉南瀛文獻第十四卷）。

此外黃文博先生認為尚有下列系統（《台灣信仰傳奇》臺原出版社、民國七十八年八月）：

英靈系統：屬於英靈王爺，生前有功於世人，死後被尊祀為「王爺」，民間多以通俗小說或傳奇故事為範本。

家神系統：屬於鄉土王爺，家鄉名人或祖先，生前對地方有義行者，死後亦被供祀專廟奉為「王爺」。

戲神系統：北管戲「福祿」派的守護神「西秦王爺」，即唐玄宗李基隆亦被視作台灣「王爺」的一環。

在澎湖「王爺」又稱「王爺公」、「千歲」、「千歲爺」、「代天巡狩」「恩主」、「恩主公」「大王」，未聞稱為「大人」、「老爺」、「瘟王」，澎湖「王爺」信仰的對象有二：其一是由廟宇供奉為主、副神的「王爺」，其二是臨時被迎請至村莊公廟祭祀一段時間即予送走（焚化）的「王爺」。澎湖先民大都認為「王爺」的由來為「瘟神」，以散疫為手段「代天巡狩」，唯前者供奉公廟祭祀已久，業經演化為村莊的守護神，而後者仍屬「瘟神」，故「送王」時，必須舉行「和瘟」儀式，並連同「王船」送走。現在由於科學發達，醫學進步，瘟疫絕跡，這種觀念已趨淡薄，大多認為「王爺」為「代天巡狩」，職司獎善懲惡的神明，可是仍咸信屬於客神的「王爺」離境時會將一些人帶走（暴斃或因病致死），故凡曾經為「王爺」服務過的人（例如恭送「王爺」委員會之委員、董事、「報馬」、旗、轎班首、旗、轎班員等，均須於「王爺」焚化前，在神前辭職，以免被「王爺」帶去當差。又有「宴轎伕」之節目，抬「王爺」轎的人，要以牲醴、炒米粉等宴請紙糊（或紙印）的轎伕，代替活人，在神界為「王爺」服務，仍保留若干「瘟神」崇拜的色彩。

關於澎湖「王爺」的信仰，清代方志有左列的記載：

《台灣府志》（高志）〈外志〉云：

大王廟一在文良港（按：方豪先生慎思堂影

印本作「良文港」、一在通樑澳、一在沙港、一在八罩嶼。

《重修台灣縣志》（王志）〈祠宇志，廟〉謂：

大王廟三：一在八罩嶼、一在龍門港、一在通梁澳，俱莫詳所自始。

《澎湖廳志》卷九〈風俗風尚〉云：

各澳皆有大王廟，神各有姓，民間崇奉維謹。甚至造王船、設王醮，其說亦自內地傳來。內地所造王船，有所謂福料者，堅緻整肅，旗幟皆綢緞，鮮明奪目；有龍林料者，有半木半紙者。造畢，或擇日付之一炬，謂之遊天河；或派數人駕船遊海上，謂之遊地河。皆維神所命焉。神各有乩童，或以乩筆指示，比比然也。澎地值豐樂之歲，亦造王船，顧不若內地之堅整也，具體而已。間多以紙爲之。然費已不貲矣。或內地王船偶遊至港，船中虛無一人，自能轉舵入口，下帆下椗，不差分寸，故民間相驚以爲神。曰王船至矣，則舉國若狂，畏敬特甚，聚衆鳩錢，奉其神於該鄉王廟，建醮演戲，設席祀王，如請客然。以本廟之神爲主，頭家皆肅衣冠，跪進酒食。祀畢仍送之遊海，或即焚化，亦維神所命云。竊謂造船送王，亦古者逐疫之意，使遊魂滯魄有所依歸，而不爲厲也。南人尚鬼，積習相沿，故此風特甚，亦聖賢所不盡禁。然費用未免過奢，則在當局者之善於撙節已。

依據民國七十六年統計，澎湖全縣廟宇有一百三十四座，其中主神爲媽祖者僅有六座，而主神爲王爺者竟達四十四座。不但主神爲王爺之廟宇經常有「請王」「送王」之祭典，主神非王爺之廟宇亦然。故「請王」「送王」祭典無年無之。雖以地方經濟狀況未如台灣本島之富裕，故祭典之規模較小，然頗具地方特色，並保有較濃厚的華南之民間信仰與習俗，值得研究。茲舉馬公市風櫃里溫王殿迎送「五府千歲」及澎湖舊奎壁澳六村之「祭王」活動兩例，以便讀者了解澎湖「王爺」信仰的梗概。

一、馬公市風櫃里溫王殿迎送「五府千歲」活動

㈠「請王」經過

1恭請五府千歲經過

風櫃里於民國五十四年重建溫王殿，翌年，溫王爺乩童指示：宜恭請五府千歲，以保祐合境平安。經里民集議決定，於五十五年歲次丙午年農曆二月初二日，由「鄉老」率衆，備香燭、祭品、神轎等到海邊設香案，恭請「五府千歲」（金、鐘、鋼、銅、鑼王爺）登陸，隨即迎至溫王殿奉祀其神位，俟「五府千歲」神像（俗稱「金身」）彫竣後，於是年農曆十月二十九日辰時，在廟內爲「五府千歲」神像「開光點眼」（按：「開光點眼」儀式如下：將「王爺」神像放在神桌或由執事人員捧持立於案前，置香案，備牲醴，請糊紙師傅、法師、道士三人共同主持，先祭拜一番，然後依次持朱筆點神像之各部位，並口唸吉祥語，糊紙師傅使用清水而法師、道士以雞血爲神點眼，俗稱「三開」，謂該「王爺」之神像至此始有神靈。）

據高繼智先生（住風櫃里一一四之二號）說：「五府千歲」自五十五年駐紮該里後，神威顯赫，合境平安，本於三科（一科爲三年）任滿就要起駕離境，但里民感激神明庇祐，豐衣足食，安和樂利，一再呈送「疏文」，稟請「玉皇

●澎湖風櫃里溫王殿「五府千歲」神像。

大帝」准「五府千歲」留任至七十六年。此次任滿再請留任，惟未蒙照准，決定起駕離境，共計駐紮該里達二十二年之久。

由於「五府千歲」已決定不再留任，行將離境，乃於七十六年農曆五月間請彫刻師重新整修神像，並於六月十五日再予開光點眼，擇日舉行起駕大典。

2 建造「王船」經過

部分村里通常待「王爺」決定起駕離境時，開始建造「王船」，但部分經濟條件較佳之村里則提前建造「王船」備用，並供信徒參拜。風櫃里則屬於後者。

據「爐主」稱：民國六十二年歲次癸丑年農曆三月二十三日辰時開工建造「千秋寶艦」（按：即「王船」），木材係使用檜木，由廟方自備，在嘉義購買後交承造人使用。該船係委託澎湖縣白沙鄉赤崁人曾有托承造。於當年十月二日造竣後曾試航山水、馬公市區海面，並試舉船帆及試開各種機械及儀器等，以便發見有欠妥時隨時改進，嗣後曾經試航三、四次。

筆者曾詢「王船」各部位之尺寸，惟無人知悉詳情，經徵得胡佛爐總董事同意，由彼稟報「王爺」後，由顏金社先生（住風櫃里六二之五號）登船實地測量，承告各部位之尺寸如下：

龍骨長度：一丈五尺六寸。

甲板寬度：九尺七寸六分。

大穩（船邊之黑線）最寬處：九尺二寸。

大穩至船底之深度：三尺八寸六分。

崁巾（船頭）寬度：四尺二寸。

甲板至船邊高度：一尺五寸六分。

船全長：三丈六尺六寸。

大桅長度：二丈七尺六寸。

船上設備係五帆、七堵、十三艙。船之正中央設有神殿，右邊爲康樂台，左邊爲大廳，另有船長室、廁所（二處）、豬、牛舍、儲水箱，並安裝羅盤、擴音器及其他儀器，其建造費依六十二年帳簿記載，共用去三十九萬五千四百

八十一元。惟據建造人曾有托先生估計現值約一百二十萬元左右。

王船造竣後，船尾雙邊各畫一條龍，船舷畫十二生肖之圖案，船首豎立二支「代天巡狩」長方形旗幟，神殿插有涼傘，船尾亦立五支旗幟，船上豎立許多紙製兵卒。船尾正面橫書「金通利」三個字，下書「合境平安、海利大進」。船左側之對聯曰：「金銀滿載蒙神護，通利榮歸賴聖沾。」右側之對聯為：「金銀富足靈神祐，通利興隆顯佛扶。」

筆者為求更詳盡的資料，曾到馬公市朝陽里文林街五〇巷三號訪問原建造人曾有托先生，他說：「民國六十二年，我三十六歲那年，承造風櫃里溫王殿『五府千歲』的『王船』，該船係由我親自設計，船型為俗稱『大陸透西船』型，與西溪村建造之王船，屬於『沙洲船』型者有所不同。原設計圖已破損，現只剩畫於三合板之形體圖，至於尺寸圖已無留存。據我的記憶，該龍骨長度一丈五尺八寸，船寬度九尺六寸，共有五桅，主桅長度二丈六尺六寸，（筆者按：曾先生所述之上列三項尺寸與顏金社先

●風櫃里溫王殿五府千歲王船。

生登王船實地測量後告知之尺寸有微小之出入）七堵十二艙，船上安裝十二馬力之馬達，速度十二至十三節，有風張帆時可至十五節。船造竣，於六十二年十月三十一日試駛，由風櫃里出發，經山水、內垵、外垵、馬公市區海面後駛回風櫃里，自上午八時開始試駛，至下午六時結束。建造該船所需之木材、機械、儀器等，均由風櫃里自備，我僅負責建造，本來要一百五十個工作天才能造竣，因加班趕造，所以二個半月就完成了，共領工資三萬元。我自三十歲開始爲廟宇建造『王船』，迄今已造十五艘，馬公市復興里海靈殿、長安里北辰宮、案山里北極殿、湖西鄉龍門村安良廟、白沙鄉赤崁村龍德宮、西嶼鄉內垵村池王廟、赤馬村李王廟之『王船』均由我承造。建造王船心理壓力很大，龍骨長度均依『王爺』的指示（透過乩童指示》，有的連船之寬，高度及吃水線亦明確乩示，部分『王船』附製俗稱『闊嘴』的小艇，作爲渡船。」

據風櫃里溫王殿「五府千歲」「王船」船長陳耀尊先生（住風櫃里六〇之八號）說：「船尚未造好，大千歲金王爺的乩童就『上壇』派任王船的船員。我被派爲副船長，因船長太老，行動不便，過了十幾天就升我爲船長，每屆建醮時，所有的船員均要登船効勞。」

該船水手編制如左：

職務	姓名	職掌
船長	陳耀尊	負責代天巡狩巡察艦金通利號（按：即「王船」）一切事務
輪機長	顏成都	負責巡察艦金通利號機器保養工作。
幫舵	陳晚子	協助船長處理一切事務。
航海	顏石川	協助船長處理一切事務。
助舵	顏清春	協助船長處理一切事務。
大廚	高邦機	負責巡察艦金通利號船上一切伙食事宜。
艙口	顏朱片	負責巡察艦金通利號之總務管理。

船長、船員均不支薪或津貼，僅於農曆三月二十三日媽祖誕辰及十月十日水仙王誕辰日發

●溫王殿五府千歲之侍從與神轎、涼傘等。

給加菜金慰勞之。

俗信不可任意觸摸「王船」以免犯沖「王爺」，依成例除船員、「爐主」以外，均不得上船，委員、「老大」亦不例外。

「王船」係在溫王殿前之廠房內建造，造竣後早已舉行出廠典禮並試駛過，平時放置於廠內，每遇祭典時，始由船班人員（負責牽引「王船」在陸上運動）通力合作，將「王船」拖至廠外，起碇、燒金紙後，由法師長開三鞭，口唸：「一打天門開、二打地戶裂，三打寶艦發動，合境平安，四時無災，八節有慶，添丁發財。」然後將「王船」牽引至廟埕，仍由法師長開三鞭，口唸「一打天門開，二打地戶裂，三打安座大吉，滿載榮歸，……（連唸數句吉祥語）。」是為「安座」。

「王船」造竣依例應即「送菜」（按：即供船上兵卒所需之米、鹽、油、魚、肉、蔬菜、薪柴等），該里原係每三個月供以紅布小袋所裝之米、鹽、柴等一次，至「五府千歲」起駕前始大量供米、鹽、油、魚、肉、蔬菜、瓦斯（代替薪柴）及各種食品罐頭、餅干、香煙、酒等。

除深夜外，經常有信徒前往船前參拜。

㈡「迎王」概況

「王爺」任滿起駕離境之前，例先出巡繞境，然後建王醮，舉行祀酒、犒軍等，再行化吉。在澎湖俗稱「迎王」乃指「王爺」出巡繞境之意。

1 祭團組織

舉辦千歲起駕祭典，必須動用巨大的人力、物力，非有健全之組織，實無法順利完成任務，故無不組織龐大之祭團，推行各項工作，一則希望分工合作，以收事功。一則滿足衆多地方父老之參與意願。此次「五府千歲」起駕出巡繞境之「行台」（即行轅）設在馬公市山水里北極殿，故除風櫃里組織溫王殿恭送「五府千歲」起駕董事會及委員會外，山水里亦組織恭迎「五府千歲」暨列位恩主繞境委員會。

風櫃里溫王殿與山水里北極殿神明及地方父老之交誼已逾百餘年。風櫃里稱山水里曰：「中壇鄉」，山水里稱風櫃里曰：「西誼鄉」，兩地民衆十分親密，以「表親」稱之。至於風櫃里與山水里交往之原由，風櫃里民大多不知其由來，僅知百餘年來，兩里由於廟神之關係特殊，故里民藉迎神賽會的機會密切交遊，友誼永固。筆者於「五府千歲」起駕祭典完畢，「王船」化吉（按：即焚化）後，由風櫃里乘公共汽車返回馬公市區途中，在車內遇見舊識澎湖縣警察局警艇退休船員，乃問其由來，彼亦不知其故，車內乘客陳王玉女士在旁告訴筆者說：「丈夫告訴我，公公曾言及溫王殿主神溫王爺與山水里北極殿副神太子爺的神像係同一木材所彫，所以兩里自昔交往密切。」

筆者亦在山水里北殿法師長林文彩先生之家，聽到陳種至等先生說：相傳耆老到台灣本島購買了一塊木材，切開後分彫風櫃里溫王殿溫王爺及山水里北極殿太子爺，後風櫃里發生瘟疫，時山水里北極殿太子爺十分靈驗，承邀到風櫃里陪同溫王爺繞境，果然驅除邪魔污穢，使社里民衆獲得平安，溫王爺與太子爺從此結金蘭之盟，兩里里民亦成爲世交。

(1)風櫃里之祭團組織

按澎湖往例「千歲」起駕，通常由「爐主」

負責辦理一切祭典事宜。但近來由於祭典日漸隆重，且附帶辦理之康樂活動大量增加，除「爐主」之外，大都另組委員會共同辦理千歲起駕大典。此次風櫃里亦不例外，除由爐主會首顏天培、會副高自茂、副會陳登進、都會顏清軒、協會高繼智、讚會陳天睦主持「王爺」之祭祀、建醮、祀酒與協助總董事籌劃「送王」事務及值年鄉老陳丁思、高水能、尹順安負責轎後隨香，並代表溫王殿參拜外，另組溫王殿恭送「五府千歲」起駕董事、委員聯席會議籌劃一切「迎王」「送王」事宜，並負責對外之一切活動；例如出巡繞境隊伍之編排、遊行及康樂活動等事宜。董事會設總董事由捐款最多，為人仁厚之胡佛爐擔任，副董事由蔡順亨擔任，幫董事由陳富士擔任。董事由顏海雄等三十八人擔任。

委員會設專任委員及名譽委員，專任委員由顏成本等二十七人擔任，名譽委員由高子書等三十三人擔任。另聘顧問五人，由陳耀昆、吳克文、顏重慶、陳記順、張再抉擔任。

總董事之下設下列各職：總指揮一人，由總董事顏佛爐兼任，負責遊行之總指揮事宜。副總指揮二人，由副董事蔡順亨、幫董事陳富士兩人兼任，負責協助總指揮辦理遊行之指揮事宜。總務組長一人由董事兼專任委員顏敏雄兼任，負責召集開會、處理文書及協助爐主、鄉老及其他各組事務。該組置組員數人辦理採購物品、準備餐點，及不屬其他各組事務。會計組長二人分別由會首顏天培、副會陳登進（風櫃里長）擔任，並由專任委員顏北、高輝宏、陳有福協助，負責「福緣金」（按：即捐款）之登帳、公告及經費收支登帳、結帳、公告事宜。祀典組長二人，分別由都會顏清軒、協會高繼智擔任，負責「行台」發賞及祀典筵等一切禮節事宜。普渡組長二人，分別由會副高自茂、讚會陳天睦擔任，負責有關普渡一切事宜。接待組長二人分別由該里出身之議員顏重慶、陳記順擔任，負責召集招待人員招待外賓。各組均有辦事人員數人，辦理有關事務。另設策劃組，負責籌劃「送王」一切事務。司儀組，負責籌備開會、儀式、司儀等工作及接待事宜。遊行組及路關組，分別負責協調遊行隊伍之時間控制及路關引導等事項。各組均派適當人員辦理有關事務，未設組長。

此外，爲便於順利進行「五府千歲」出巡海域大典，另組玉勅代天巡狩「五府千歲」出巡海域籌備委員會，詳情於後文述之。

⑵山水里之祭團組織

山水里北極殿不但自昔與風櫃里溫王殿交往密切，而且係此次「五府千歲」陸上繞境之「行台」。民衆反應十分熱烈。

北極殿爲恭迎風櫃里「五府千歲」暨列位恩主繞境，組織委員會，由黃長其擔任主任委員，張萬保、洪伯達擔任副主任委員，由該里五十艘機動漁船船長擔任委員，籌備迎接及設立「行台」有關事宜。委員會下設顧問、文書、財務、業務、招待等組，分派適當人員辦理有關事務。此外，指派轎班組長十一人，乩童法師組長一人，舞獅隊組長一人，旗隊領班三人、鑼鼓陣組長二人，以便陪同繞境。至有關祀典事宜，由鄉老陳清足、陳永志、蘇雲祝等三人負責辦理。

2 繞境

此次風櫃里溫王殿「五府千歲」舉行陸上繞境與海上繞境。原先溫王殿執事人員預定於七十六年農曆八月十六日（國曆十月八日）舉行陸上繞境，農曆八月十八日（國曆十月十日）舉行海上繞境。

山水里北極殿執事人員獲悉此事後派員持函邀請「五府千歲」前往該殿駐蹕，文云：

欣逢貴殿恭送
代天巡狩五府千歲起駕出巡佳節，屆時敝殿虔
誠敬設
行台
恭迎
五府千歲駐蹕
並請

●出巡海域之五府千歲王船。

貴里溫王殿、三官殿、威武金王殿
列位尊神聖駕光臨敝殿奉敬參與盛典。同時
伏祈
俞允 曷勝榮幸之至
右啓
貴里溫王殿諸神董事／鄉老執事老先生老大人 閣下
敝山水里北極殿鄉老／執事民丁一同頓首拜

風櫃里北極殿執事人員接到該函後書寫下列文件(俗稱「日課帖」)派專人覆山水里北極殿,文曰:

茲逢敝殿
代天巡狩五府千歲任期屆滿起駕出巡,爲感
謝神恩浩蕩,護國庇民,舉行遶境大會,
承蒙
貴里北極殿列位尊神暨董事／鄉老執事老先生閣下
盛情邀請,敢不從盛意赴約,並爲我敦睦相承,
淵源永久,共襄盛典。
謹擇於農曆八月十六／國曆十月十八日千秋寶艦神轎移駕出巡遶境貴里登堂造訪,當晚駐宿貴殿,翌日農曆八月十七／國曆十月十九日上午八時原隊神駕在貴殿神人互道辭別起駕,回程返里,農曆八月十八／國曆十月十日上午八時,五府千歲神像登上千秋寶艦,以及諸神坐轎陪同乘漁船出巡本里海域以外,航行至貴里海域港、垵。神、人向貴里諸眞列聖執事鄉老衆里民閣下
遙祝四時平安,八節有慶,海利大進,萬事如意。
伏祈
垂鑑,曷勝幸甚之至。
右啓
貴里北極殿諸位董事／鄉老執事老先生閣下
敝風櫃里靈德溫王殿衆鄉老／執事民丁一同頓首拜

嗣風櫃里溫王殿「五府千歲」乩示,應修改爲農曆八月十六日舉行海上繞境,八月十八日舉行陸上繞境,兩里信徒乃遵照神明指示更改日程。

農曆八月十五日，溫王殿先舉行「送水菜」及「五府千歲」繞境本里。是日自上午七時起衆信徒紛紛恭送水、菜、鹽、米等與「王船」，並參拜一番，名曰「添載」。添載完畢，「五府千歲」與「王船」在本里繞境，是爲此次「五府千歲」繞境之序幕。

(1)海上繞境

a.籌備經過

風櫃里溫王殿此次舉行「五府千歲」海上繞境，爲澎湖近年來「迎王」活動最隆重之盛典。由於出巡海域必須取得軍政機關之同意及有心人士之贊助，乃請澎湖防衛司令部爲指導單位，澎湖縣政府、澎湖縣議會、中國國民黨澎湖縣黨部、澎湖縣警察局、高雄港務局馬公辦事處、澎湖縣警察局安全檢查中心、澎湖區漁會爲協助單位，馬公海宮大飯店、茄定明瑞機械公司、台南顏錦成、陳萬生兩位先生、董長發先生、海光電器行爲贊助單位。並以風櫃里溫王殿玉勅代天巡狩五府千歲出巡海域籌備委員會爲主辦單位，山水里北極殿爲協辦單位。

玉勅風櫃里溫王殿代天巡狩五府千歲出巡海域籌備委員會，敦聘澎湖防衛司令官殷宗文爲名譽主任委員，澎湖縣長歐堅壯、澎湖縣議會議長鄭永發、中國國民黨澎湖縣黨部主任委員鄧思善、澎湖防衛部政戰部主任尤結田、馬公市長王乾同爲名譽副主任委員。澎湖縣議會副議長許南豐、縣議員顏重慶、陳記順、張再扶、陳評論、蔡豐盛、黃建築、洪榮郎、俞喜龍、歐中慨、許麗音、陳昭玲、張啓明、呂正黨、許素葉、許嘉生、林興傑、藍俊昇爲名譽委員。省議員林聯登、國民大會代表謝公仁、許水神、團管區司令李家綱、澎湖縣警察局長洪鼎元爲名譽顧問。聘爐主顏天培等六人爲主任委員，鄉老高水龍等三人爲副主任委員，胡佛爐等三十人爲委員，陳耀昆等五人爲顧問，胡佛爐爲總領隊、蔡順亨、陳富士爲副總領隊、高天賞等三十七人爲名譽董事，高子書等二十七人爲名譽委員，顏敏雄爲總務組長、胡佛爐兼財務組長，顏石標爲設備組長，蔡順亨兼遊行組長，陳登進爲祀典組長，陳粒爲宣傳組長，陳富士兼招待組長，陳天濺爲救護組長，顏永康爲鑼鼓組長。此外，設小法（法師與乩童）組及茶房生，辦理祭祀事宜。列名參加海域出巡之機動漁船計有「永聯福二號」等五十三艘。

b.繞境概況

農曆八月十六日（國曆十月八日），風櫃里三甲（東、西、中甲）各董執事及有關工作人員於上午七時前往溫王廟報到，準備起程。七時三十分，各董執事參拜神明後，請令起駕，五府千歲暨列位神明神像由溫王殿禮生恭請上船。參加海上出巡之神明排列順序如下：一、中壇元帥、太子爺、虎將軍；二、代天巡狩大聽爺；三、、金府王爺；四、朱府王爺；五、柳府王爺；六、眞武大帝；七、三官大帝；八、溫府王爺；九、代天巡狩鑼府五千歲；十、代天巡狩銅府四千歲；十一、代天巡狩鋼府三千歲；十二、代天巡狩鐘府二千歲；十三、代天巡狩金府大千歲。

參加「五府千歲」出巡之船隻均集合於風櫃里北港，神像、神轎、董執事及工作人員登船完畢，八時「王船」起碇開航，各船繼之。出巡船隻編隊的有四十六艘，連同自動參加追隨在後之漁船，計有一百艘以上，船隊經「青灣」海面，向東出巡。

協辦溫王殿「五府千歲」出巡海域大典之山水里北極殿參與此次繞境之神明排列順序如下：一、虎將軍；二、中壇元帥；三、關將、太子爺；四、劉府王爺；五、水仙王；六、李府千歲；七、玄天二帝；八、李府王爺；九、天上聖母；一〇、眞武大帝；一一、慈濟眞君；一二、葉府王爺；一三、文衡聖帝；一四、朱府王爺；一五、劍童子；一六、李府千歲；一七、中壇元帥；一八、印童子；一九、文衡聖帝（另尊）；二〇、崔元帥；二一、糾察天君。

山水里該時尚無漁港碼頭，故機動漁船停泊於馬公漁港，因此上列神像及神轎、董執事、工作人員均由車輛陸路運至馬公漁港，然後登上漁船，駛回澎南海域。北極殿船隊編隊者共有五十七艘，由黃長其任總領隊，張萬保、洪伯達任副總領隊，張再扶、陳永澎、陳海山、許亨語、陳雅耀、鮑祝融任領隊。

山水里北極殿船隊於蒔裡海面恭迎風櫃里溫王殿「五府千歲」暨列位恩主出巡海域，兩船隊會合時互燃鞭炮致敬，然後一同駛至山水垵

●跟隨五府千歲王船出巡海域之漁船群。

▼參加五府千歲出巡海域之船隻，集合在風櫃里北港待發。

口寄碇，此時山水里善男信女早已聚集於海灘，神明乩童亦出現於該處接駕。船隊在山水垵口停留一小時，添載後於上午十一時起碇開航。

十一時三十分船隊駛至嵵裡垵口，十二時駛回風櫃里金王殿（原稱德安宮）前垵口，十二時三十分到達溫王殿前風櫃洞港口，下午一時抵達三官廟前港口，然後駛離風櫃海域，於二時到達外垵港口，二時三十分抵達內垵港口，三時繞遊馬公港及馬公第一、二、三漁港及案山港後駛離馬公港。各港岸上人山人海，爭睹船隊巡遊海面壯觀，馬公南甲海靈殿亦組船隊在馬公港迎接溫王殿「五府千歲」。船隊於四時起程返回風櫃里，山水里船隊本擬恭送「五府千歲」至風櫃里，惟因溫王殿執事人員一再懇辭，乃於馬公港金龍頭（俗稱金龜頭）海面互相道別，各自返回。船隊返抵風櫃里後，神像、神轎均即日送回溫王殿，惟「王船」因潮水關係無法當日拖至陸上牽回廟埕，至翌日始牽回原處。

(2)陸上繞境

農曆八月十八日（國曆十月十日），溫王廟「五府千歲」舉行陸上繞境。該廟參加陸上繞境之神明與海上繞境相同，茲不贅述。

是日上午六時，參加陸上繞境之董執事及工作人員準時集合於該廟，澎湖防衛司令部殷司令官、澎湖縣歐縣長，馬公市王市長均以貴賓身分應邀觀禮，並向神明致敬。殷司令官且應邀爲舞龍用的龍點眼，里民非常感激。

「五府千歲」出巡前乩童先「上壇」參拜玉皇大帝暨本廟諸神，然後「開五營」（又稱「散法」（按：乩童以雙劍在東、西、南、北、中五方位破額，名曰「開五營」或「散法」，其目的乃以所流的鮮血，驅除一切邪魔污穢。）祭畢，恭請「五府千歲」暨諸位神明起駕，神像由執事人員雙手捧持至廟埕，諸神排列兩旁互相致敬後，分別安放於神轎內，每頂神轎均有涼傘手一人侍候在側，爲神明作必要之禮節。轎班員所穿之上衣顏色概與所抬神轎內神像所穿之神袍顏色相同，鮮艷醒目。

繞境遊行隊伍計分十二隊，詳情如下：

第一隊：溫王殿頭旗一支、國旗一支、紅布

横披一支、總統玉照、路關牌一支、持玉敕代天巡狩、肅靜、迴避牌六人、報馬二人，鑼鼓一陣、太子爺神轎、代天巡狩巡察艦金通利號、代天巡狩大廳爺神轎。

第二隊：報馬一人、七爺公、八爺公、戲班一隊、鑼鼓一陣、金府王爺旗幟一隊、金府王爺神轎。

第三隊：報馬一人、八家將一班、鑼鼓一陣、朱府王爺旗幟一隊、朱府王爺神轎、小法（法師）一隊。

第四隊：報馬一人、牛犁歌陣頭一隊、鑼鼓一陣、柳府王爺旗幟一隊、柳府王爺神轎。

第五隊：報馬一人、電子琴歌唱花車陣頭一隊、眞武大帝旗幟一隊、眞武大帝神轎。

第六隊：報馬一人、踩高蹺陣頭一隊、鑼鼓一陣、三官大帝旗幟一隊、三官大帝神轎。

第七隊：報馬一人、八仙班陣頭一隊、鑼鼓一陣、溫府王爺旗幟一隊、溫府王爺神轎、小法一隊。

第八隊：代天巡狩鑼府五千歲旗幟一隊、報馬二人、金龍隊陣頭一隊、代天巡狩鑼府五千歲神轎。

第九隊：代天巡狩銅府四千歲旗幟一隊、報馬一人、弄車鼓陣頭一隊、鑼鼓一陣、代天巡狩銅府四千歲神轎。

第十隊：代天巡狩鋼府三千歲旗幟一隊、報馬一人、電子琴歌唱花車陣頭一隊、代天巡狩鋼府三千歲神轎。

第十一隊：代天巡狩鐘府二千歲旗幟一隊、報馬一人、鑼鼓一陣、銀獅隊陣頭一隊、代天巡狩鐘府二千歲神轎。

第十二隊：金府大千歲旗幟一隊、鑼鼓一陣、八家將、會首顏天培捧大令、會副高自茂捧勅、副會陳登進捧印、都會顏清軒、協會高繼智、讚會陳天睦、報馬二人、四行、八班（六人）金府大千歲神轎，小法一隊。

董執事、委員及隨香團隨後。

遊行隊伍整隊完畢，浩浩蕩蕩自溫王殿口出發，經金王殿，指向嵵裡里，扈從神轎之乩童三人，三千歲乩童持雙劍，二千歲乩童持刺球，大千歲乩童持七星劍，不時表演神威。

山水里北極殿於是日一早就集合了董執事及

所有工作人員到廟，整理隊伍後出發迎接風櫃里溫王殿「五府千歲」暨列位恩主之繞境隊伍。該殿出廟恭迎「五府千歲」陸上繞境之神明，較海上繞境減少甚多，茲列於後：一、虎爺；二、哪吒太子爺；三、李府千歲；四、劉府王爺；五、李府王爺；六、文衡聖帝；七、玄天二帝；八、眞武大帝；九、慈濟眞君；一〇、糾察天君。至所派出之隊伍與領隊人員，已於前文（祭團組織及海上繞境）述及，茲不贅述。

兩里遊行隊伍在蒔裡海上樂園後廣場會合，山水里北極殿鄉老代表該廟迎接「五府千歲」繞境隊伍。兩隊遊行隊伍會合後，經蒔裡水仙宮前、井垵里、鎖港圓環，前往山水里。

山水里北極殿「糾察天君」及「太子爺」乩童「上壇」迎接「五府千歲」，乩童之後跟隨二人，手持長棍，保護乩童背部，以免因「破肩」過烈，而引起大量流血。

繞境隊伍於上午十一時左右到達山水里，北極殿鄉老代表該廟於該里三處路口設案恭請「五府千歲」進境。繞境隊伍所到之處，民衆莫不在家前設立香案祭拜，並燃放鞭炮，同時準備啤酒、汽水及各種飲料與洗臉水，招待隨駕之信徒、陣頭、轎班人員及一般遊客。

繞境完畢，出巡隊伍陸續到達北極殿廟口，各神轎之涼傘手均腳踏「七星步」（按，所謂「七星步」乃迎神賽會時，神差向神明致敬之一種步法，行步宛如北斗七星之排列。）向北極殿神明行禮，轎班亦抬轎反覆以疾步衝至廟前三次致敬，然後請神像進廟，乩童進廟後先向神明參香、「開五營」，後乩示神意。一俟所有神明進廟並安座完畢、舉行「祀茶」，由鄉老參拜奉茶，另由法師舉行「操營格界」。

午餐由山水里北極殿準備便當及飲料，招待所有信徒、陣頭、轎班。溫王殿通知準備一千二百份，而北極殿準備了一千五百份，因此連參觀的民衆亦人手一份，皆大歡喜。晚餐亦由北極殿招待，宴席設在民衆活動中心及陳才敎先生住宅後空地。共設筵一百四十五桌，由馬公市區聘請廚房四人掌廚。澎湖防衛部政戰部尤主任、澎湖縣議會鄭議長、馬公市王市長應邀蒞臨參加，與民同樂，賓主共歡。

是夜北極殿廟內舉行「祀酒」，廟埕演戲，整

●風櫃溫王殿五府千歲陸上繞境。

個里的民衆在歡樂氣氛中度過了一夜。

農曆八月十九日（國曆十月十一日），自上午七時起風櫃里溫王殿陣頭就在北極殿廟埕表演節目，觀衆頗多。十時許溫王殿「五府千歲」暨諸神辭別北極殿神明後，整隊回駕。北極殿仍派神轎隊，並由鄉老在村口三處，設「餞行桌」恭送「五府千歲」。本擬送至風櫃里，惟因溫王殿執事人員一再懇辭，乃於澎南國中前道別，各自返里。

山水里此次爲恭迎風櫃里溫王殿「五府千歲」繞境，亦付出了相當的人力與物力，在籌備委員會領導之下，大家分工合作，各盡其責，把繞境、祀典、接待事宜辦得有條不紊。每丁（二十歲以上，五十歲以下之男性）各捐一千三百元，供準備招待便當及宴客之用。另該里人士六十五人，共捐三十八萬五千六百四十元。七十二艘船，共捐四十八萬六千一百元。兩項合計共收八十七萬一千七百四十元，支出費用六十二萬八百四十三元，結存二十五萬零八百九十七元，暫交北極殿管理委員會保管，俟該殿「請王」時再移「王爺」之爐主處理。

㈢「送王」概況

1 建醮

溫王殿舉行「五府千歲」繞境完畢後即自農曆八月二十日（國曆十月十二日）起至農曆九月十九日（國曆十一月十日）止建醮三十天，答謝神恩，祈求風調雨順，國泰民安。建醮謝恩之對象如下：一、玉皇大帝；二、四海龍王；三、金府千歲；四、鐘府千歲；五、鋼府千歲；六、銅府千歲；七、鑼府千歲；八、大廳爺、廠官爺；九、本里三官廟三官大帝及金王殿金府王爺；十、溫王殿主神溫府王爺及列位神明，每一對象建醮三天（俗稱三朝）。

醮壇設於廟內，壇內佈置由道士負責，北邊設三清壇，南邊設三界壇，形制與他處建醮並無二致，茲不詳述。「五府千歲」神像仍安奉於中央神案，兩側安奉本里其他廟宇蒞此鑑醮諸神。

溫王殿此次建醮乃請以陳正則爲「主壇」之道士團擔任，團員計九人，以道士五人爲「前場」，在神前表演科儀，以四人爲「後場」，在旁奏樂擔任場面。

發壇之前廟內張貼紅紙書寫之「靈寶修設清醮答謝神恩保佑植福全章榜文」，首日，舉行發表、請聖安座、敬請三界高眞，唸玉樞經、朝天懺、祀旗、獻供，夜間舉行分燈捲簾。第二天，唸北斗經、三官經、朝天懺、祀旗、獻供，夜間舉行宿啓。第三天，舉行早朝，唸十一大曜經、祀旗、獻供、關祝本命星燈、入醮。其儀式與澎湖縣其他道士所行者大略相同。茲不贅。

澎湖建王醮與台灣本島建王醮最大不同之處，乃澎湖概不作「火醮」，筆者曾向數道士團詢問其故，但均答自古已然，說不出其原因。

農曆九月十九日（國曆十一月十日）舉行普渡，普渡場所設在廟前左側之民衆活動中心。傍晚里民紛紛攜帶祭品至普渡場所陳列，參加普渡著僅風櫃一里，場面與台灣本島之大型普渡相比，若小巫之見大巫，但亦供奉大豬八十七條及大量供品，俾孤魂野鬼能飽餐一頓。深夜道士率同「爐王」至普渡場祭拜一番，場面嚴肅。

是日廟方執事人員派人將供奉神明之大豬依民丁人數切塊後，分給各戶民衆食用，以祈求合境平安。

2 祀酒

溫王殿於農曆九月十九日(國曆十一月十日)夜舉行「軟宴」，祀酒執事人員由值年鄉老及千歲爐主及董事、委員等擔任。

另有茶房生三十人，由該里東、西、中三甲「鄉老」就各甲未婚青年中各選拔十人充任。

酒席設在廟內，共排八仙桌四桌，桌上均置花瓶一對、四果一副與糖果、瓜子各兩小盤及湯匙、筷子六副。廟前連接廟門處建一木臺，供茶房生排班侍候。

祀酒禮生由陳登進充任，由「爐主」「鄉老」祭拜神明而開序幕。先安置王爺王爺大令，次請「五府千歲」及參加宴席諸神起座下殿，由茶房生雙手捧持與宴神像下殿在廟門前臺上互相行禮後，分別就座於八仙桌旁之座位。然後由茶房生逐碗進菜，先由「爐王」「鄉老」持菜參拜，再交茶房生放置於八仙桌上，酒宴在鼓吹演奏中，依執事者所定之程序依序進行。

農曆九月二十二日(國曆十一月十三日)夜，該廟舉行「硬宴」，將所有酒菜排於餐桌宴請「五府千歲」暨諸位神明，未舉行「軟宴」之祀酒儀式。

3 犒軍

農曆九月二十日（國曆十一月十一日）下午溫王殿法師在廟前舉行「犒軍」。

是日犒軍先犒賞「五府千歲」之兵馬，後犒賞該廟神明之兵馬，派出小法師（俗稱小法）十人，全程由小法一人或兩人手持令旗居中作法，餘在兩旁唱咒語或動金鼓。所唸犒軍咒語與第二輯第六單元所列大致相同。

犒軍法術一直進行到在神前以擲筶確認已達到了犒賞神將之目的始止。一俟得到聖筶，鄉老、爐主趨前參拜神明而告禮成。是日犒軍做了很久才得到聖筶，筆者請問法師長顏丁寧先生，若遲遲得不到聖筶如何處理？他說：「若一直得不到聖筶，就要唸二種不同的召營咒再犒軍，如仍然無去得到聖筶，就要開法鞭，開法鞭無效就要打手印，打手印無效，就要乩童『上壇』舉行『散法』以鮮血辟邪，再進行犒

●風櫃溫王殿建醮，切割供神大豬，分給「民丁」。

軍了。」

4 康樂活動

溫王殿此次爲恭送「五府千歲」起駕，自農曆八月二十日（國曆十月十二日）起，至農曆九月二十二日（國曆十一月十三日）止，除颱風來臨外，海日均在廟埕之戲台舉行康樂活動。據籌備是項活動之幫董事陳富士先生告訴筆者，康樂節目計分地方歌仔戲酬神、歌星歌唱晚會、電影欣賞等，第一週由梁二，康丁主持歌唱晚會，許秀年、青蓉、尤美、楊小萍參加表演。第二、三週由方駿、田露露等主持歌唱晚會，文夏、黃志強、陳小雲、黃秋田、素珠、許秀年等參加表演，第四週由明華園歌劇團及康樂隊表演、第五週由倪賓、喬偉主持歌唱晚會，王曉晴、七郎、于櫻櫻等參加表演，下半夜由五虎歌劇團表演。從各地前往該里參觀康樂節目的民衆甚多，轟動一時。據說第一天歌唱晚會觀衆有一萬多人，該廟四週人山人海，馬公市、湖西鄉、西嶼鄉均有人雇車前往參觀，望安鄉離島及虎井、桶盤島民則乘船前往，白沙鄉離島民衆乘船到赤崁碼頭後雇遊覽車前往參觀，來回車資一百元。

農曆八月二十日（國曆十一月十三日）夜燃放煙火，各地民衆前往參觀者亦多。是項節目係由桃園縣觀音鄉觀音村新坡下七號萬達煙火製造股份有限公司以總價二十萬元承攬，工作人員四人，連同風櫃里派出之協助人員燃放下列煙火：一、光輝燦爛；二、金玉滿堂；三、花開富貴；四、滿天春色；五、萬衆更新；六、錦綉大地；七、迎向光明；八、柳堤春曉；九、天女散花；十、孔雀開屏。惜因是夜風力太大，未如預期之燦麗壯觀。

5 化吉前日之準備工作

(1)請離塑神像留廟膜拜

自從「五府千歲」決定起駕離境後，信衆鑑於「王爺」神像一旦化吉就永久無法參拜，一再懇求另塑神像留廟膜拜，但「王爺」堅辭不允。農曆九月二十二日（國曆十一月十三日）爲「王爺」化吉之前日，上午八時，全里里民聚集於廟內外，紛紛跪拜地上，由該里出身之顏重慶縣議員代表全體里民，懇請「五府千歲」准予彫塑神像留廟祭拜，「王爺」先是以對里民並無多大幫助婉辭，繼而稱未奉玉皇大帝核准未敢擅專，希不要爲難祂，終因民衆稟稱：「若王爺不准，決跪地不起。」，而勉強答應倘蒙玉皇大帝核准者，准予選擇良辰吉日開斧（按：即開始彫塑之意）。

(2)勅符令

農曆九月二十二日下午，法師指導小法（小法師）在廟內施法後「勅符令」，先是小法一人在神案前唸請神咒「請神」，繼而二人在廟內對舞，舞畢，法師幫助小法一人，以刀割破舌頭，旁人持明日化吉時使用之和瘟旗幟、「王船」封艙封條及信徒持用以保平安之三角旗等，沾上小法舌頭所流出之鮮血，是爲「勅符令」，聞可辟邪。由於符、旗頗多，一人無法勝任，乃由其他小法輪流割破舌頭，繼續辦理是項工作。

(3)結帳

「王爺」起駕離境時，任期內所有經費收支情形必須算清，以便對神人有所交代。澎湖一般廟宇「送王」大多於「王船」化吉後關廟門辦理結帳，並限於三天內完成。此次溫王殿「送王」係在未化吉前先行結帳。

農曆九月二十二日下午「五府千歲」爐主跪拜於神前報告帳目，「千歲」乩示僅報告總收支數目，無法了解各項目之收支情形，令知應分項統計逐條報告，雖爐主一再懇求一一報告二十年的細節實在有困難，但「千歲」堅持應依指示辦理。會計小姐在神案上以電子計算機計算帳目，但一時無法算出，「千歲」乃乩示當夜繼續計算完畢，提出報告。至翌日晨間三時計算完畢，報告「千歲」，自民國五十五年起至七十六年十一月十四日止，共收一千二百九十二萬零四百九十三元一角，支出八百六十三萬六千零一十四元一角，結存四百二十八萬四千四百七十九元，移由溫王殿保管。帳簿共製三冊，黃皮封面帳簿呈「王爺」繳旨（呈玉皇大帝），紅皮帳簿呈「王爺」留存，另冊留在廟內供信徒查閱。

6 封艙

農曆九月二十三日（國曆十一月十四日）晨舉行「王船」封艙儀式，上午四時，「小法」已集合於廟內候令舉行法事，五時，善男信女到廟及「王船」前唸經祭拜，六時許，山水里北極殿鄉老備祭品前來參拜，溫王殿鄉老及爐主趨前迎接，兩廟神明之乩童「上壇」行禮如儀後對談。乩童「退駕」後隨即舉行「王船」之封艙儀式，先「請神」並打三通鼓後，爐主、鄉老參拜「王船」，拜畢，法師將書「玉皇勅令五府千歲擇於九月二十三日封倉大吉」或「玉皇勅令五府千歲擇於良辰吉日封門合境平安」等之封條交由爐主，鄉老再拜後，由服務人員轉交「王船」上之法師，法師檢查船艙，並查明在艙物品數量後，口唸：「丁卯年農曆九月二十三日，澎湖縣馬公市風櫃里溫王殿金、鐘、鋼、銅、鑼五府千歲千秋寶艦金通利封艙，保祐風調雨順，國泰民安，合境平安，五穀豐登，海利大進，滿載榮歸，大利大吉。」貼上封條而禮成。

7 和瘟淨醮

和瘟淨醮本為建醮之一部門，溫王殿於「王爺」化吉日為之。農曆九月二十三日晨六時三十分，道士開始做「和瘟淨醮」，將和瘟救主旗幟掛於溫王殿大門之內，其前置神案一張，上放磬、木魚、牛角號、鐘、牲醴、茶壺等。爐主、鄉老燒香參拜後，道士持香參拜，繼而右手搖鈴，左手持牛角號連吹數聲，「洗淨」後，一會唸經（太上和瘟妙經眞科），一會起舞，一會疾步行走施法，頗為賣力，爐主、鄉老隨後參拜。法事作畢，將和瘟救主旗幟移豎於「王船」船邊綁固，俾與「王船」一齊化吉。

8 化吉

農曆九月二十三日上午八時四十七分，法師唸咒語「請神」，山水里北極殿太子爺乩童「上壇」，持香面向廟外，跪拜玉皇大帝及三官大帝，然後參拜廟內神明與門神等，「洗淨」後持劍「開五營」，以鮮血辟邪，保祐社里平安。由於北極殿太子爺乩童係客神乩童，所以「開五營」時溫王殿的法師長疾步趨前勸止，以免流血過多。九時十分起溫王殿「五府千歲」之三千歲及二千歲乩童亦一一持香跪拜玉皇大帝、三官大帝及參拜廟內神明與門神，也「開五營」，惟無人趨前勸止。二千歲乩童使刀力道較重，故流血較多，法師乃施法術、口噴米酒，予以止血。聞因神明之個性不同，致使刀之力道有異。二、三千歲乩童請太子爺乩童居上座開始對談片刻，由溫王殿法師長擔任翻譯，向信徒宣佈神旨。此時廟外參加「送王」之「報馬」及轎班均跪拜於地。

「五府千歲」起駕前，在廟埕由大廳爺乩童頒發紅綾與爐主，由爐主代表「王爺」頒發紅綾與董執事及委員，嘉獎其辛勞。信徒群集於廟埕恭候「五府千歲」起駕。

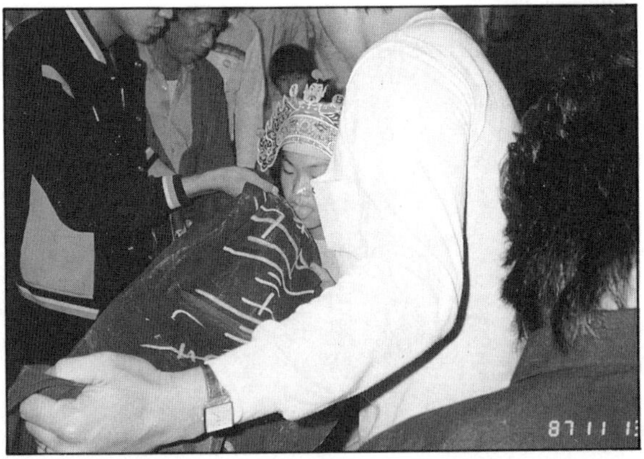

●小法以鮮血淨化和瘟旗幟。

「五府千歲」及送行之諸神神像，由執事雙手捧持依序步出廟門，以溫王殿太子爺爲先鋒，「五府千歲」繼之，諸神在後送行。各乩童亦步出廟門，持香參拜。捧持神像之執事分立廟埕兩旁，面對面互相敬禮後將神像安置於神轎。「王船」船員身著黑衣，腰繫紅帶，登上「王船」，牽引「王船」之隊員，身著灰衣，腰繫綠帶，在船兩側，待命出發。胡總董事一聲令發，炮聲連天，「送王」隊伍徐徐起程，指向化吉地點。

送行「五府千歲」起駕地點係在風櫃里三官廟南邊之廣場，化吉地點就在該處之海灘，可以遙望虎井、桶盤嶼。隊伍到達目的地後隨即將諸神安置於塑膠棚屋，屋內正面及兩側各排神桌一張，正面神案安放「五府千歲」，左側神案安放大廳爺、三官大帝、眞武大帝、右側神案安放柳王爺、朱王爺、金府王爺、太子爺。神案前面放供桌三張，中央供桌放置香爐、花、供餅、燭、四果、王令旗及「五府千歲」印。

左側供桌放香爐、供餅、燭、花、四果，右側供桌放香爐、供餅、包子、燭、花、四果。「王船」達到化吉地海灘後調整好位置，並在船底兩側墊上空心磚，使其固定。

俟「五府千歲」及「王船」安置完畢，爐主恭讀祝文，

文曰：

維

中華民國七十六年歲次丁卯年菊月丁卯日，臺灣省澎湖縣馬公市風櫃里靈德溫王殿值年三鄉老尹順安、陳丁思、高水能率爐主顏天培、高自茂、顏清軒、陳登進、高繼智、陳天睦、總董胡佛爐、副董蔡順亨、幫董陳富士暨董事、委員、民丁、善男信女等一同，謹具香花茶果，設置香案，列隊恭送於

代天巡狩五府千歲之駕前曰：

伏以

恭頌靈威震九洲　送駕人群似長流
五湖四海察善惡　府衙駐鎮廿二秋
千秋祀奉皇恩賜　歲近暮冬沐神麻
三聲炮響頂禮拜　呼別衆生金闕遊
聖聰永庇諸赤子　鑒佑吾民勉力修
無極感戴齊敬仰　疆域安泰好行舟
五府千歲　任期屆滿　玉旨召回
天庭，下界子民尤其是風櫃里溫王殿

●五府千歲離廟前，乩童開五營，以鮮血辟邪。

恩主溫府王爺率眾弟子挽留未獲之下，莫不感戴
五府千歲駐蹕於本里二十餘秋，庇鄉護民，風調雨順，國泰民安，海利大進，一帆風順，滿載盈歸，此皆
千歲恩威滿播，庶民之福，今爲報答神恩廣庇，特舉行建醮、梨園演唱，酬謝神恩完畢，並擇於今天舉行恭送
五府千歲乘千秋寶艦，一片焰光烈火，揮別騰空起駕，眾弟子同覩，莫不以沉重心情遙送。
伏祈垂鑑，無任沾恩之至。
風櫃里靈德溫王殿鄉老爐主董事委員民丁
善男信女一同叩首
天運歲次丁卯年菊月二十三日（本文係馬公市風櫃里陳耀昆先生所撰）

祝文唸畢，爐主將帳簿移交「五府千歲」之大廳爺，下列人員分別跪拜「王爺」叩謝：

1會計小姐帳目交代完畢叩謝。
2總董事、副董事、幫董事、委員任務完成叩謝。
3其他有關人員任務完成叩謝。
4四行八班及報馬辭職移交叩謝。（報馬拜後脫去外衣放於「王船」邊，並到海邊以海水洗臉）
5大千歲旗班首、轎班首、旗員、轎員、鑼鼓師及鑼鼓隊員移交叩謝。
6二千歲旗班首、轎班首、旗員、轎員、鑼鼓師及鑼鼓隊員移交叩謝。
7三千歲旗班首、轎班首、旗員、轎員、鑼鼓師及鑼鼓隊員移交叩謝。
8四千歲旗班首、轎班首、旗員、轎員、鑼鼓師及鑼鼓隊員移交叩謝。
9五千歲旗班首、轎班首、旗員、轎員、鑼鼓師及鑼鼓隊員移交叩謝。
10大廳爺、廠官爺旗班首、轎班首、旗員、轎員、鑼鼓師及鑼鼓隊員移交叩謝。
11凡爲「王爺」服務人員一律移交叩謝。
12警衛隊員移交叩謝。

13「王爺」乩童移交溫王殿主神叩謝。

14凡未及時依序移交人員補辦移交叩謝。

俗信凡曾為「王爺」服務人員必須在「王爺」化吉之前辭職移交，否則會被「王爺」帶去當差，故溫王殿法師長一再催促有關人員儘速移交叩謝。移交完畢，任由善男信女自由參拜，叩謝「王爺」。然後，鄉老、爐主、法師長等進酒餞別。

「王船」周圍堆集木柴及金紙，上灑汽油，凡為祭祀「王爺」所使用之旗幟、涼傘，以及神差所使用之物品、所穿上衣、所帶帽子，均放置其上，以便一併焚燒。

起駕前諸神在臨時駐紮處前空地互相行禮，然後由爐主雙手捧持「五府千歲」神像登上「王船」，安放於神殿。俟爐主下船，法師長率領多位法師在「王船」之周圍開鞭作法。

預定化吉時刻為未時，約下午二時，「王船」著火，一開始火勢就甚大，「王船」燃燒的很快，不久就燒成火船，一千多位善男信女一直跪拜於地上，恭送「五府千歲」，虔誠之情，表露無遺。

●「報馬」向「王爺」辭職後，脫去外衣，以備焚燒。

俟「王船」焚化完畢，「送王」隊伍，依例偃旗息鼓，默默離開，風櫃「送王」活動，至此結束。

二、澎湖舊奎壁六村之「祭王」活動

(一)舊壁澳六村合辦「祭王」的沿革

舊奎壁澳包括奎壁港（南寮）、北寮、菓葉、湖東、白猿坑、湖西、青螺、紅羅罩、大城北九社，但現在參與舊奎壁澳「祭王」活動之村落有南寮、北寮、湖東、白坑、湖西、紅羅六村，菓葉、青螺、城北三村並未參與。關於南寮等六村合辦「祭王」之起源及辦理經過衆說紛云，因無文獻可稽，無法斷定其確實情形，茲暫依澎湖縣政府民政局禮俗文物課長甘村吉先生查訪所得及耆老所言彙錄於次，尙須繼續查明，以求正確：

1 起源

澎湖雞善與錠鈎兩無人島盛產紫菜，昔日該兩島係由大赤崁澳大赤崁社管轄，某年冬季某日晴空萬里，風和日麗，大赤崁社民衆結隊駛船前往該二島採取紫菜，正上岸採集中，突然烏雲密佈，颳風下雨，驚濤駭浪，令人膽戰心寒。該兩島距大赤崁社較遠，且逆風不便行舟，而距奎壁澳較近，可順風而下，靠湖西社沿岸。適採紫菜成員之中，有一名婦女爲湖西社人而嫁到大赤崁社，於是大家商議駕駛採紫菜船隊前往湖西社沿岸，暫避風雨。船隊駛抵湖西社沿岸後投宿該婦女娘家，惟人數衆多無法獨力供給所需之衣服及食物，鄰居住戶知悉此事紛紛提供衣服及食物，熱忱接待，遂得順利安頓這批受風雨之苦的遠客。嗣大赤崁社民衆回到家鄉後，不久即達成協議：鑑於該兩島距該社較遠，且爲答謝湖西社民衆在狂風暴雨中伸以援手，熱烈招待之熱誠，一致決議將該兩島之管轄權贈與湖西社，以示回饋。

昔日奎壁澳菓葉社之漁船數量最多，且船型亦較大，並以該兩島附近海面爲主要漁場，漁船冬季出海作業中，偶爾靠岸採取紫菜。湖西社因漁民及船隻較少，無力前往阻止，因而聯合南寮、北寮、湖東、白坑、紅羅五個社（當時大城北、青螺社未參加）共同協助，處理採紫菜之糾紛，此乃六村聯誼之開端。上述糾紛後來經官廳裁決而獲得解決。湖西社爲答謝其他五社共同出力協助處理紫菜之糾紛。乃與其共享採紫菜之權利，即北寮、白坑、湖東、湖西四社，每四年輪一次到錠鉤嶼採取紫菜。紅羅、南寮、菓葉三社，每三年輪一次到雞善嶼採紫菜。

紫菜之盛產季節爲冬季，冬季氣候變化異常，出海作業時有遭遇不測災難之虞。社民爲求前往採取紫菜之際，心靈上有所寄託，因而有南寮等六村合辦「請王」、「迎王」、「送王」等「祭王」活動之舉，至於何時創辦？或謂始自清末，或云起自日據初期，尚待稽考。

2 辦理經過

此項「祭王」活動係六村聯合舉辦，由各村公廟輪充「王爺」之「行台」並主辦「祭王」活動、未輪充「行台」之其餘五村，必須協辦並聯合參加「祭王」活動。其主辦順序，依序爲(1)南寮、(2)北寮、(3)湖東、(4)湖西、(5)紅羅、(6)白坑村，週而復始。由於六村合辦「祭王」由南寮村發起，故稱南寮村爲「澳兄」，其餘五村爲「澳弟」。

昔年各村以農爲主，所舉行之「祭王」活動係依據當年收穫豐欠而定，豐收則由負責主辦「祭王」村莊公廟（按即輪充「王爺」「行台」之公廟，俗稱「值年公廟」）之執事人員主動通知各村公廟鄉老，商議「祭王」活動事宜、欠收則暫不舉辦。辦理是項活動分成三組：南寮、北寮二村爲一組；湖西、湖東二村爲一組；紅羅、白坑二村爲一組，南寮、湖西、紅羅村人口較多，北寮、湖東、白坑村人口較少，遇小村主辦時該組大村須支援小村，但小村僅接受人力支援，而不願接受財力支援。

昔日六村合辦「祭王」活動結束時（即「王船」焚化完畢後）主辦村莊各戶必須宴請參與該項活動之其他五村各男丁，名曰「散筵」，又稱「散食」。

民國以後之「祭王」活動，有資料可稽者如左：

(1)主辦「祭王」村莊之順序，仍如上述依序爲南寮、北寮、湖東、湖西、紅羅、白坑村，

●法師於「王船」周圍開鞭作法。
▼燃燒中之瘟王殿五府千歲王船。

惟舉辦年間並不固定。承澎湖縣政府民政局禮俗文物課長甘村吉先生查示：民國元年由北寮村主辦，九年由湖東村主辦，十七或十八年由湖西村主辦，二十三年由紅羅村主辦，至五十年始由白坑村主辦。又紅羅村與白坑村辦理「祭王」活動相隔二十七年，其原因係受日據時期日人對宗教等各種民間活動控制較嚴之影響；另云：因白坑村小人寡無法準備「散筵」所需之大量餐具所致，因而六村商議決定廢止主辦村設宴招待六村民丁之「散筵」習俗後，於五十年由白坑村主辦「祭王」活動，是爲該屆最後輪辦之村莊。

(2)復於六十五年由「澳兄」南寮村邀請各村協商後，輪辦「祭王」活動又開始。約定每三年由一村主辦，通常於農曆四月「請王」，當年農曆十月「送王」。六十五年由南寮村主辦，六十八年由北寮村主辦，七十一年由湖東村主辦，七十四年由湖西村主辦，七十七年由紅羅村主辦，八十年將由白坑村主辦。

聞舊奎壁澳六村，俟八十年白坑村主辦「祭王」活動完畢後，將另行開會檢討改善，已有人建議將每三年舉辦一次，更改爲每六年舉辦一次。

㈡祭祀組織

「祭王」活動由輪當「行台」（即主辦村之公廟），俗稱「值年公廟」）的「爐主」（村民通稱「頭家」）主持，舊奎壁澳六村合辦之「祭王」活動的「爐主」最多設四人，最少設二人，各村主辦「祭王」，產生「爐主」之方式不同：

1.南寮村：由鄉老聘請，產生「大頭家」（大爐主）、「二頭家」（二爐主）、「三頭家」（三爐主）。

2.北寮村：採輪派制，在神前擲筊產生「大頭家」、「二頭家」、「三頭家」。

3.湖東村：採自願制，依捐款之多寡產生「主會」（大爐主）、「副會」（二爐主）、「協會」（三爐主）、「都會」（四爐主）。

4.湖西村：在神前擲筊產生「主會」（大爐主）、「副會」（二爐主）、「協會」（三爐主）、「都會」（四爐主）。

5.紅羅村：採輪流制，在神前擲筊產生「主會」（大爐主）、「副會」（二爐主）、「都會」（三爐主）。

6.白坑村：採輪流制，在神前擲筊產生「大頭家」、「二頭家」。

「爐主」負責整個「祭王」活動之策劃與進行事宜，值年廟宇之「鄉老」協助之。餘五村公廟之「鄉老」，除「請王」時應到「請王」地點恭迎「王爺」及舉行祭典時應到「行臺」（即值年公廟）參加祭拜，並代表各村「送水禮」（俗稱「送菜」，即供奉「王爺」帶來兵馬之糧食）外，於「王爺」繞境到各該村時，主持迎送「王爺」之祭典。六村只有湖西村另組委員會統籌是項活動，另紅羅村組織臨時委員會協助「爐主」辦理活動，故可以說舊奎壁澳六村「祭王」之祭祀組織大都由「王爺」之「爐主」及參與活動的六村公廟之「鄉老」所組成，僅輪由湖西村主辦時，由委員會統籌之。

(三)「祭王」活動

舊奎壁澳六村於民國七十七年，以紅羅村北極殿為「行台」，舉行「祭王」活動。茲將其「請王」、「迎王」、「送王」情況略述如次，藉以說明其梗概：

1「請王」

由於六村共同辦理請、迎、送王係固定每三年辦理一次，故不必由乩童或鸞生指示，該地區民眾對於乩童之倚信程度似較他處淡薄，凡事多以擲筊（該地稱為「祈筊」）決之。七十七年「祭王」係由紅羅村產生之爐主：「主會」許金龍、「副會」洪協良、「都會」白阿騫主辦。「主會」主持迎神賽會之總策劃及準備事宜。「副會」主辦總務事項。「協會」辦理推展與協助祭務並主辦主計、出納事務。「請王」時先開會決定何時焚燒「黃榜」呈請玉皇大帝選派「王爺」蒞境駐蹕，再以擲筊確認是否已獲核准。民衆咸信玉皇大帝核准後會交代「代天府」選派「王爺」，故確認已核准後，再以擲筊請示「王爺」幾尊？在轄區何港登陸？詳細地點亦以擲筊確認之。然後選擇吉日良辰前往該地「請王」。

「主會」、「副會」、「協會」會同六村公廟「鄉老」經上述程序決定於七十七年農曆四月二十六日巳時到紅羅村土名「西港仔後」「請王」。是日，六村公廟之主神（白坑村玉聖殿因主神爲玉皇大帝乃派副神參加）、「爐主」、「鄉老」、法師、乩童等有關「神」、人，備妥「王爺」乘坐之空轎及令籤，以鑼鼓爲前導到海邊，就地設香案，上排令籤、香爐、鮮花、清茶、四果、五牲、餅乾、「紅龜」等，並自香案至海邊鋪藍布三十六尺，自香案向陸上舖紅綢五十尺，其排場如圖一：

●隨同「五府千歲」繞境之「王船」。

圖一

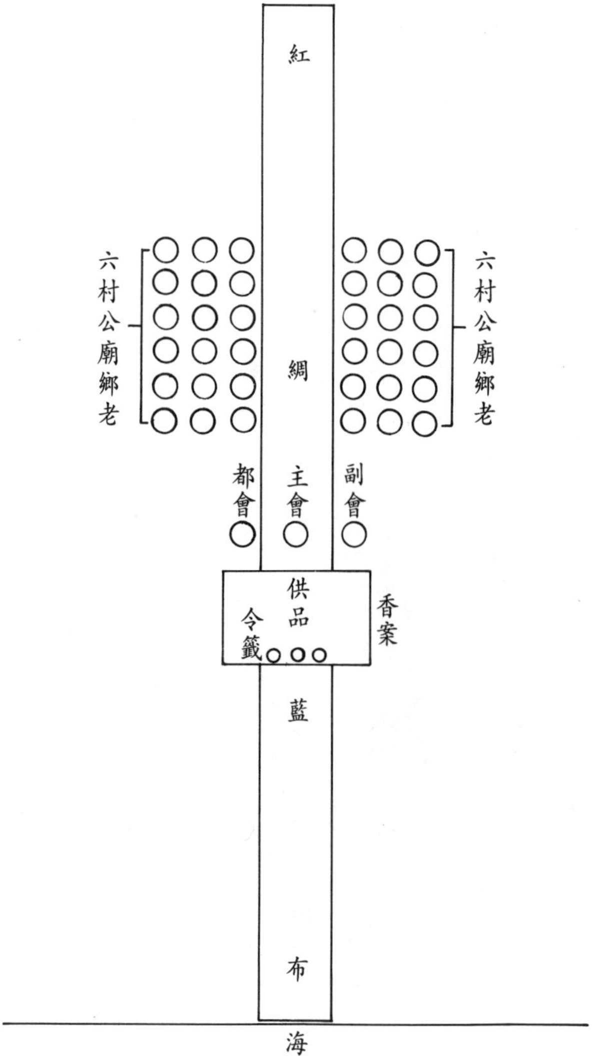
紅
綢
六村公廟鄉老
六村公廟鄉老
都會
主會
副會
供品
令籤
香案
藍
布
海

儀式開始,先由法師對所有的人與物「洗淨」(洗去污穢以維潔淨之意)後,全體信衆跪拜於地,然後焚燒「手本」(聘帖),再由法師唸「請王爺咒文」,恭請「王爺」登陸,並以擲筶確認「王爺」已否登陸。俟登陸即請「王爺」上轎,乘坐於轎內之太師椅,並就地錄位牌(上書寫本科年千歲),接住該村北極殿。

「王爺」到達北極殿後,供奉四果、紅圓,恭請「王爺」上殿,並升起「行台」牌於該廟門楣之上。然後舉行「祀茶」,並以擲筶請示「王爺」尊姓,其方式乃先請示「王爺」尊姓在「百家姓」一書第幾頁,俟確認第幾頁後,由該頁第一個姓起,以擲筶確定係何姓。請示結果確認此次蒞臨北極殿駐蹕之「王爺」,大王姓薛,二王姓吳、三王姓熊。

其次以擲筶決定「開斧」(開始彫塑神像之意)的日期、時刻,再請糊紙師傅來糊「王爺」的神像,至「王爺」臉的顏色究係青、黃、黑、白、紅,均以擲筶確認,致有時其臉有半紅半白或灰色者,不但如此,「王爺」究著文官服或武官服,其服飾及顏色如何?手持何物?均擲筶決定之。薛、吳、熊「三府王爺」(又稱「三府千歲」)開斧日期爲七十七年農曆五月八日辰時,「王爺」神像糊畢後「入神」(按:彫刻神像時,在神像之背面留一空洞,擇日放入「香煙」《即神明香爐之香灰》或活生物《例如虎頭蜂、蜈蚣、蟑螂、麻雀等》後密封,謂之「入神」。),並擇農曆六月十一日子時,請糊紙師傅、法師、道士「開光點眼」,「洗淨」後「安座」「大廳爺」(按:澎湖廟宇「請王」時,除極少數供奉「中軍爺」外,大多供奉「大廳爺」,信徒認爲「大廳爺」係奉「王爺」之命,管理王府之一切軍政事務。)、「廠官爺」(按:俗信「廠官爺」職司建造「王船」及船務事項,其官階在「大廳爺」之下。),於農曆八月二十四日巳時「開光」,安奉於殿前左側神案,旁安放紙糊之神差、神轎、兵卒、馬匹等。

「王爺」安座後隨即爲第一次「放營」,派「兵馬」駐紮本村東、西、南、北、中營,保護民衆,月之初一、十五日(農曆)應召五營兵馬,在廟埕舉行「犒軍」。

北極殿於農曆八月十四日爲「王爺」帶來駐紮之兵馬送「水禮」(俗稱「送菜」),內有大豆

●王爺到達北極殿，升起行台牌於該廟門楣之上。

▼建造中之紅羅村北極殿三府千歲王船。

二斤、鹽十二包、花生油二罐、糖三斤四兩、食米一百七十斤、木炭十一斤半、茗茶二斤、紅線、針、筆、膠袋、水瓶、木炭籠等物。「王爺」神像「開光點眼」後紅羅村即按中甲、頂甲、下甲之順序，逐日派二戶「送菜」，供奉米、鹽、油、魚、肉、蔬菜、薪柴等。

「王爺」駐蹕北極殿期間，並無選召新乩童按期「下壇」「濟世」。但有事時，可恭請「王爺」「下壇」，附身於北極殿乩童指示神旨。

大王薛千歲之生日為農曆十二月二十九日，二王吳千歲之生日為十月十一日，三王熊千歲之生日為五月二十日，由於「王爺」駐蹕該廟期間不久，僅逢三王熊千歲誕辰，以五牲及「紅龜」供奉，為熊千歲祝壽外，大、二王均未逢其誕辰而離境。

2 「迎王」

舊奎壁澳六村依例於「請王」當年之下半年「送王」，概不拖延。「送王」之前應先舉行「迎王」，「迎王」乃「王爺」任滿出巡繞境之謂也。

(1)建造「王船」

「迎王」之前，先建造「王船」，聞民國六十五年以前，舊奎壁澳六村合辦「祭王」所造之「王船」，僅船底用三分木板，及船之骨架用木材外，餘用紙糊之，因此很容易損壞，不便船上放置「添載」物品及拖運，故六十八年輪由北寮村主辦時，改為全船均以木材建造。此次建造之「三府千歲」「王船」，其龍骨七尺一寸，為馬公市天德糊紙店所承造。

農曆六月六日丑時「壓䑖」，造「王船」於北極殿前左側之「船廠」，該「船廠」乃固定之水泥建築物，故毋需臨時搭建。船體造成後「安樑頭」、「安坱巾」、「安龍目」，然後「豎桅」「蓋帆」，繼而由糊紙師傅裝飾船身。於農曆八月二十五日舉行「王船」「出廠」，原奉祀於北極殿左側神案之「廠官爺」同日移祀於「王船」內，「王船」由船伕十四人拖出廠外，安置於廟埕，最後「拋碇」，將船錨浸於小水缸中，象徵「王船」停泊於海上，等待「王爺」上船。

農曆八月二十七日辰時舉行「慶船醮」（又名「拍船醮」），翌日起連續三天，廟方送「船菜」（包括生肉、鮮魚、蔬菜，俗稱「送菜」）與「王船」，供奉船上之差役及「兵卒」。此外，接受信徒之膜拜與「添載」。由於時值風季，季風猛烈，乃將「王船」拖回「船廠」內安置，並每甲派二丁擔任警衛、禮儀及上香、進茶等工作。「船廠」前貼有紅聯，橫披爲「代天宣化闔澳平安」，對聯曰：「千里揚航巡狩奎璧；秋風護送駕返天庭。」

經裝飾完成之「王船」其形狀如左：

船首上畫獅頭含劍，其下掛紅底黃字書「監察幽冥」之紅綾橫條，船首上面兩側各豎一枝書「代天巡狩」之長方形旗幟。船尾上畫飛龍，下紅底黃字書「代天號」，其下亦紅底黃字書「合澳平安」。船尾上面豎立黑、紅、黃、綠、白色五方旗幟。

船之左舷，自左向右依次貼「龍頭生金角」紅聯，右上橫畫十二生肖之鼠、牛、虎、兔、龍、蛇，其下左貼「雷令木龍光彩　李元帥安鎮」令符，右畫一條紅龍（看起來像蛇），右上方畫雙龍，再右貼紅聯，橫披曰：「門觀海山明」，對聯云：「水聲長在順風耳；上陸常在千里眼」右上方畫數條龍至船尾，中畫一獅，其下，中畫一條紅龍，其上貼「雷令順風相送　把元帥安鎮」令符，下貼「木龍光彩」紅聯，右上方貼「順風」紅聯。船之右舷，自右向左依次貼「虎口發銀牙」紅聯，左上橫畫十二生肖之馬、羊、

●建造完成之紅羅村北極殿三府千歲王船。

猴、雞、狗、豬，其下右貼「雷令木龍光彩　李元帥安鎮」令符，左畫一條紅龍，左上方畫雙龍，再左貼紅聯，橫披曰：「門照吉祥花」，對聯云「水游一輪明日月；上船龍得順清風。」左上方畫數條龍至船尾，中畫一獅，其下，中畫一條紅龍，其上貼「雷令順風相送　把元帥安鎮」令符，下貼「木龍光彩」紅聯，左上方貼「相送」紅聯。

船上共有三桅，頭桅上掛黃色小三角旗，下懸書「帥」字之黃色四方旗，帆索之上並掛紙製「亞班」（負責桅之維修者）二尊。尾桅上懸書「天上聖母」之黃色四方旗。船內細分「王爺廳」、「媽祖廳」及各艙，並有竈、廚、擴音器等設備。甲板兩側佈置許多紙糊之士兵、水手及關刀、槍、鉞等。

(2)舉行繞境

「三府千歲」自七十七年十月二十一日（農曆九月十一日）起繞境三天，紅羅村在村道與縣道交叉處蓋一牌樓，橫披上書：「恭送代天巡狩三府千歲起駕大典」，下書：「恭迎列位神聖駕臨遶境恩施四境」，對聯二副，外側（面向村外）之對聯爲：「代天宣化，王道光明昭奎璧；巡狩安寧，聖恩浩蕩惠六村。」內側（面對村內）之對聯云：「千歲壇聰，神恩法浩，廣被萬民；歲時叨福，福庇三民，咸沐神恩。」並由該處循村道插國旗及北極殿旗到該殿前。廟前懸掛紅布條上書：「恭送代天巡狩薛／吳／熊　三府三千歲起駕大典」，下書：「恭迎列位神聖駕臨駐蹕施恩奎璧」，並貼對聯，橫披爲：「王恩浩蕩護佑萬民」，對聯曰：「千里乘風巡遊奎澳；秋航逸浪騰駕天河。」廟左壁貼有「主旨領命代天巡狩監察幽冥統轄陰陽賜進士出身都統制勅封威靈王薛／吳／熊　府涓九月十一日出巡合澳平安罡　」紙條。

茲將繞境三天之概況略述於次：

a.第一天

十月二十一日（農曆九月十一日）上午六時

●紅羅村北極殿三府千歲之紙糊侍從等。

四十分，「小法」（按：「小法」乃指「小法師」，北極殿之小法師每次選拔十二人，經家長及本人之同意後由法師長及資深法師施以四個月之訓練，受訓完畢，助理廟宇之各種法事。）在紅羅村北極殿廟內請神下壇，該廟乩童不以口頭傳達神旨，而以手指寫字指示神意，類似鸞手，爲其他廟宇所罕見。神明乩示畢，「小法」繼而「召營」，此時，「王爺」的轎班員已在廟前侍候，抬大王薛千歲神轎之班員穿黃色馬甲；抬二王吳千歲神轎者穿紅色馬甲；抬三王熊千歲神轎者穿綠色馬甲。該廟僱用之高雄縣田寮鄉月世界女子花鼓陣，亦在廟埕表演。「報馬」（村民稱爲「草報」）一人，對前來參加「迎王」活動者，每人分發令符一張，以保平安。原安置於廟內「大廳爺」、「廠官爺」神案旁之紙糊神差、兵卒、神轎、轎伕、馬匹等亦搬至廟埕，準備參加繞境。紅羅村爲順利進行此次繞境，特聘洪松柏爲總領隊，洪添鋆爲交通組長、洪金黃爲警衛組長，林忠雄爲服務組長，分別掌理有關事項。

各村公廟派來參加繞境的神轎，紅羅村北極殿執事人員在村郊牌樓處迎接後，再於廟左側空地迎接一次。各廟派來之神轎分列於廟埕之左右兩邊：

①南寮保寧宮：哪吒太子、池府王爺、保生大帝神轎計三頂。

②北寮保安宮：哪吒太子、池府王爺、周府

千歲（池府王爺及周府千歲共坐一轎）、眞武大帝、保生大帝（眞武大帝及保生大帝共坐一轎）神轎計三頂。

③紅羅北極殿：哪吒太子、文衡聖帝、玄天上帝神轎計三頂。

④湖西天后宮：哪吒太子、守府王爺、岳府王爺、天上聖母神轎計四頂。

⑤湖東聖帝廟：岳府王爺、葉府王爺、李府王爺、朱府王爺、文衡聖帝神轎計五頂。

⑥白坑玉聖殿：李府王爺、吳府王爺神轎計二頂（該殿主神玉皇大帝未參加）。

各村神轎隊均以樂班爲先導，置打鼓一人、打北鼓一人、敲大鐃一人、敲鈸一人、打鑼一人、吹嗩吶一人，徒步時一人背鼓而行，一班計七人。神轎前置旗班一班，每班班員十人。每頂神轎置轎班兩班，每班置轎班員十人、涼傘手一人，計十一人，兩班共二十二人，輪流下場。

紅羅村北極殿玄天上帝及哪吒太子之乩童分別參拜「天公」（玉皇大帝）及廟內諸神後，各村公廟之鄉老依到達先後順序進北極殿參拜「三府千歲」，俟各村公廟神轎及執事人員到齊，「爐主」率同各村「鄉老」參拜玉皇大帝及廟內諸神，「小法」開鞭，噴符水，禮生稟千歲

●三府千歲等神明出廟繞境，關廟門並貼上封條。

下堂起駕繞境並唱：

①稟三府千歲下殿發令。

②稟三府千歲放營發兵。（共放東、西、南、北、中五營，「小法」以兩人爲一組作法，法師打「放五營」之手印。）

③稟三府千歲發兵完畢。

④草報（即「報馬」）進殿。

⑤稟三府千歲賜令旗。

⑥三府千歲有令，賜予令一枝與你，陣前有事通報。

報馬：賜合澳平安。

⑦稟三府千歲發令完畢。

⑧稟三府千歲發一號令炮。　鼓一落。

⑨稟三府千歲再發二號令炮。　鼓二落。

⑩稟三府千歲再發三號令炮。　鼓三落。

⑪稟三府千歲發炮完畢。

北極殿主神玄天上帝神像由該廟執事捧持恭送「三府千歲」出廟，各村公廟執事雙手捧持神明排列於廟前兩邊，恭候「三府千歲」上轎，「三府千歲」神像係由「爐主」捧持登上神轎。神明出廟後關上廟之大門，貼上「玉旨欽命代天巡狩薛／吳／熊　九月十一日封門大吉」之黃色字條。（按：俗信神明出巡不在廟內，應以令符封閉廟門，以防妖魔鬼怪篡殿）「大廳爺」「廠官爺」已登「王船」並提前三十分鐘出發。

樂班奏「大三通」（按：所謂「大三通」乃請神明進（離）廟、就座或「祀酒」時進大碗菜所奏之音樂。）後繞境隊伍起程，乩童立於廟前送行，每一頂神轎出發前均開鞭三下，涼傘手、轎班在廟前行禮如儀後，依序離開廟埕。由於第一個目的地爲白坑村玉聖殿，乃以該宮神轎隊爲嚮導，南寮、北寮、湖東、湖西、紅羅村公廟神轎隊依次隨之，「王爺」神轎殿後，三王熊千歲神轎在前，二王吳千歲神轎居中，大王薛千歲神轎殿後。紅羅村北極殿主神玄天上帝神轎並在「王爺」神轎之前，以示護駕並奉陪。神轎離開廟埕之前，乩童例大顯神威，以刺球猛烈刺背。

樂班均乘坐小卡車代步。「大爐主」許金龍捧「玉旨」，「二爐主」洪協良捧「印」，「三爐主」白阿騫捧「令」，隨於「王爺」神轎之後，鄉老及信徒在其後「隨香」，是日參加繞境之工作人員及信徒約有二千人。

●神轎自紅羅村北極殿廟埕出發，涼傘手行禮如儀。

繞境隊伍到達白坑村時，玉聖殿執事、「小法」及乩童在村郊迎接。先在村中繞境完畢再進玉聖殿。廟前張貼對聯，橫披爲：「合澳平安」，對聯曰：「代天宣化，衆善奉行；巡狩赫奕，大公無私。」「王船」已先繞境隊伍三十分鐘前到達廟埕，供信徒膜拜並「添載」。

每到一廟，廟方均派人燃放鞭炮，表示歡迎。涼傘手、轎班行禮如儀，乩童及「鄉老」立於廟前迎接，各公廟執事手捧參與繞境諸神神像，半跪（一脚跪下）於廟前，恭迎「三府千歲」進廟。廟方派出執事三人，手持紅色方盤，上置紅綾及請帖（上書「玉旨欽命監察代天巡狩薛／吳／熊　府尊千秋祿高陞」字樣）恭立於「王爺」神轎前，敬請「王爺」入廟。禮生跪拜「王爺」，並唱：

①稟請下轎。

②稟請千歲暨列位神聖進殿。

（由白坑村玉聖殿「鄉老」捧持「王爺」神像進廟，參與繞境之各廟主神亦隨後進廟。）

進廟後再唱：

③稟請升座。各鄉老暨執事參拜。

④稟請下殿奉茶。

然後執事人員捧持「王爺」神像，安置於長形茶桌之上位，各廟主神陪坐於茶桌兩側，進行「祀茶」節目。茶桌上排各種點心及水果，與會神像之前，排放小盤子及叉子，其排場如圖二：

圖二

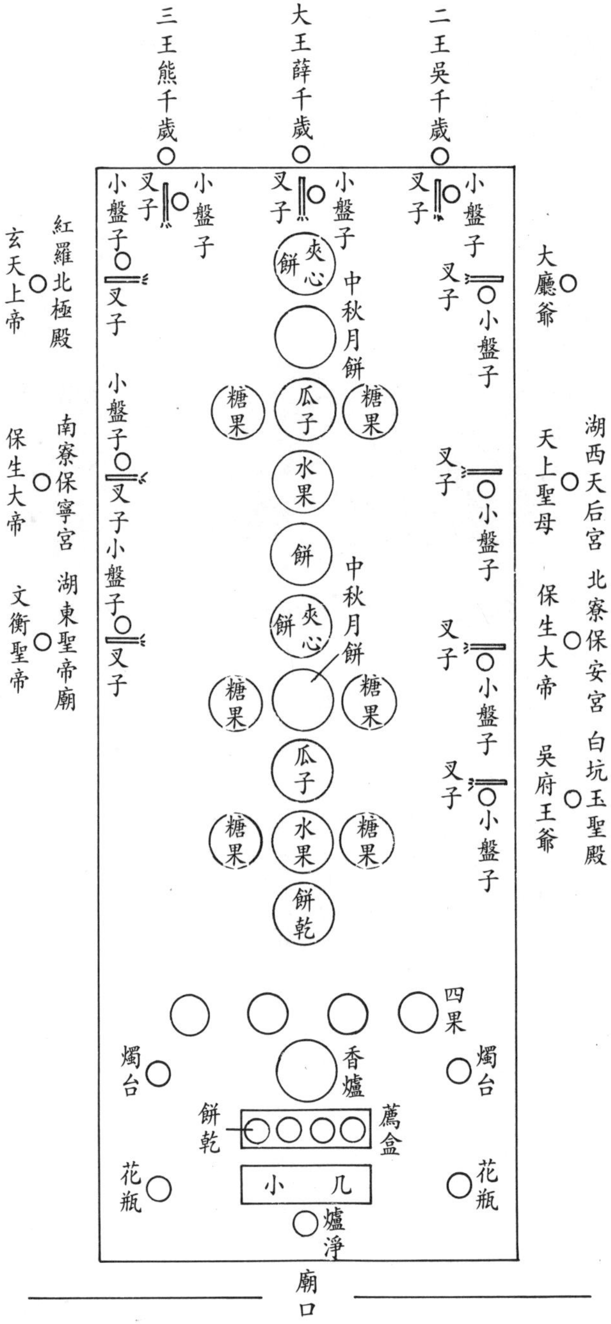

「祀茶」開始，以高脚茶杯進茶，第一次進清茶、香煙，第二次進甘草茶、香煙，第三次進酸梅茶、香煙。未進廟內諸神及「王船」內之「廠官爺」及神差，由鄉老持茶到廟外進茶。「祀茶」完畢，恭請神明升座，「鄉老」再參拜而禮成。

是日午餐係由白坑村供應，參與繞境人員在廟前塑膠棚用餐，廟方準備二千人分，計有油飯、米糕、炒米粉、海產粥、排骨筍絲湯、甜粥、魚湯、雞肉冬粉湯、鴨肉鹹菜湯等，均使用免洗碗筷，並供應大量飲料。由於所準備者係家鄉小吃，味道可口，用餐者稱讚不置。

休息片刻，於下午一時三十分出發，「王船」依例在繞境隊伍出發三十分鐘前，已揚帆出發。「王爺」出廟之前，乩童「上壇」參香，參拜玉皇大帝及諸神，然後「爐主」與各村「鄉老」參香跪拜。禮生唱：

①請千歲下令出巡。

②千歲有令，衆軍準備起駕出巡。

③發號：軍鑼沾銅鑼。　軍鑼沾齊鑼。　軍鑼沾靜鑼。　威—武。威—武。

④請千歲暨列位神聖下殿上轎。

⑤稟請千歲起駕出巡，合境平安。

「三府千歲」神像由「爐主」捧持上轎，諸神由各廟執事捧持半跪於廟前兩邊，恭送「王爺」先上轎後再上轎。一俟諸神均上轎完畢，各村神轎班、涼傘手，以村爲單位一齊在廟前辭行如儀，在鞭炮聲中依序出發。由於下站係南寮保寧宮，乃以該宮神轎隊爲嚮導，北寮、湖東、湖西、紅羅、白坑村公廟神轎隊繼之，白坑村玉聖殿吳府王爺神轎並在「王爺」神轎之前，以示護駕並奉陪。「三府千歲」神轎殿後（每到一廟停留後往他廟出發均照此種例規辦理，以下從略不再敍述）。白坑村玉聖殿執事、乩童除在廟前行禮恭送外，再在村郊設香案送行，雙方涼傘手又在該地以「七星步」互相行禮一番。

「王船」先到達南寮保寧宮，停在廟前之V形塑膠棚（權當船廠），供民衆參拜並添載。

繞境隊伍依例先在村內繞境，下午四時左右繞境完畢，諸神進入保寧宮。廟前張貼對聯兩副，外面對聯，橫披爲：「代天巡狩」，對聯曰：

「代佈恩波，行巡保境。天開王府，出狩安民。」裡面對聯，橫披爲：「保境安民」，對聯云：「公堂靜肅，監察陰陽不昧；館蹕森嚴，稽察善惡無偏。」廟前並懸掛紅燈十八盞，燈上書「恭」「迎」「代」「天」「巡」「狩」「薛」「吳」「熊」「府」「千歲」「暨」「列」「位」「聖」「駕」「蒞」「臨」字樣。

廟名之上加蓋「公館」一牌，此種稱呼乃其他地區所無，澎湖其他地區「王爺」出巡繞境過夜之處均稱「行台」，唯獨湖西鄉部分地區將「王爺」駐蹕之廟稱爲「行台」，出巡暫宿之廟稱爲「公館」。

各村涼傘手、轎班在廟前行禮如儀，大王爺乩童進廟，信徒跪拜於地，乩童作引導狀，引「王爺」神像進廟，樂奏「大三通」，衆神像跟隨在後，「官將頭」與「虎爺」亦一同進廟，各廟主神印信及法器（刀、劍、刺球等）亦持進廟內。進廟後「王爺」神像安座於神案中央，諸神神像分別安置於兩側之神案。

北寮保安宮周千歲及南寮保寧宮保生大帝之乩童進香參拜玉皇大帝，信徒均跪拜於地，俟乩童參拜諸神後，「爐主」及各村「鄉老」參拜，在奏樂聲中進行進香、跪拜、進茶、叩首後再拜「王船」。

花鼓陣在廟前表演拳術、仰身倒行、仰倒身子以嘴取錢等節目，廟方賞以香煙與紅綾。

除各村「鄉老」留在保寧宮，以便參加當夜之「祀酒」（祀酒方式詳後文）外，其餘人員各自返村。「小法」在廟埕「犒軍」如儀。是夜康樂隊在廟埕表演歌唱節目。

b.第二天

十月二十二日（農曆九月十二日）上午九時左右，繞境隊伍集合於南寮村保寧宮前整隊向北寮村出發。「三府千歲」離開保寧宮時撤去懸掛於該廟門楣之「公館」牌。第二天繞境人員略少於第一天，大約爲一千五、六百人左右。

由於舊奎壁澳六村之「祭王」各種儀式，由出身於南寮村之吳膽石先生統一指導，故迎接「王爺」及祀典程序相同，除特殊情形外不再詳述。

到達北寮村，依例先繞境後進保安宮，廟前對聯，橫披爲「代天巡狩」，對聯曰：「代佈恩

●諸神由執事捧持，恭送王爺上轎。

▲爐主、鄉老參拜王船。

波，行巡保境；天開王府，出狩安民。」進廟後參拜、「祀茶」（進茶三次，均用普通茶。）、「犒軍」如儀。在廟內曾目睹法師長作法後取下釘於眞武大帝乩童頭上刺球之實況，聞係出巡時所釘，於回廟後取下，由於太危險，法師長不輕易使乩童表演是項節目，唯神明乩示進行乃不得已而行云云。

參與繞境人員接受北寮村之午餐招待，該村亦準備二千人份之餐點，計有鹹米糕、燒酒雞、鹹菜鴨、鹹粥、鮮魚湯、排骨湯、甜粥等，大家吃得津津有味，聞約耗十二萬元。

下午二時自北寮保安宮出發，村民跪拜於地，恭送「三府千歲」離境。三時到達湖東村聖帝廟。廟前對聯，橫披爲：「合澳平安」，對聯曰：「代天稽察，奸魔遯跡；巡狩出查，闔澳平安。」「王船」船廠之對聯爲：「一帆乘錦浪，九曲三灣隨舵轉；萬里御淸風，五湖四海任舟行。」

繞境、進廟、參拜、「犒軍」、「祀酒」如儀，除「鄉老」外，其餘人員仍各自返村。

湖東村聖帝廟的「祀酒」佈置十分樸素，神明座位係下放空心磚，上塾木板，其上再舖以紅布而成。是夜僅於廟埕燃放沖天炮，並沒有康樂活動節目。

該村在村人口僅剩三百八十二人，年輕力壯的青年很少，辦事人員不足，故旅外同鄉暫時把工作放下來，回鄉幫忙，經費不足時，並予以支援。

c. 第三天

十月二十三日（農曆九月十三日）九時許，繞境隊伍在湖東村聖帝廟前集合，整隊後向湖西村出發，湖東、湖西兩村只隔一路，距離頗近，但湖西村乃湖西鄉公所所在地，聚落面積較廣，人口亦多，故繞境時間較久，沿途以湖西村信徒所燃放之鞭炮最多，民衆莫不在家前設香案致祭，並擺大量飲料、點心供旗班員、轎班員及隨香信徒飲食。

十一時左右，繞境完畢，進湖西村天后宮，廟方大放鞭炮及沖天炮，北寮村保安宮神轎在廟前「發輦」（按：即神轎一直旋轉之意）轎班員不足應付，南寮村保寧宮轎班員下場支援。天后宮廟前對聯，橫披爲：「合澳平安」，對聯曰：「代天巡遊振湖水，欽命監察著西山。」「三府千歲」及諸神進廟後參拜、「祀茶」、「犒軍」（「小法」均為成人）如儀。參與繞境人員接受湖西村設於民衆活動中心及附近民房之午餐招待。餐點計有鹹米糕、冬歸鴨、米粉湯、鴨肉冬粉、肉粽、茶葉蛋、麵包、雜菜湯、鹹菜鴨湯、炸圓子、鹹菜雞湯、魚粿、鮮魚筍湯、小蛋糕、鹹粥等，種類頗多，獲得佳評。

流動攤販一直跟著繞境隊伍到各廟埕售蜜餞、烤雞翅膀、番石榴等，生意不錯。

下午一時十五分，乩童指示時刻已到，準備出發，乃稟「三府千歲」暨列位神聖下殿，依例舉行離廟之各項節目如儀後，返回紅羅村。

繞境隊伍於四時返抵紅羅村郊，入村後舉行繞境，村民大都在家前置香案虔誠祭拜，北極殿執事分別在村道入口處及廟之左側空地設香案迎接。回駕時，神明入廟之前，每一頂神轎之涼傘手均脚踏「七星步」行禮，轎班員抬轎反覆以疾步衝至廟前三次表示敬意。北極殿之乩童在廟前接駕。

「三府千歲」神轎在廟前「發輦」數分鐘，好不容易才停下來。紅羅村北極殿乩童在廟前接駕，禮生稟請「三府千歲」下轎進堂安座奉茶，「爐主」捧持「三府千歲」神像進廟，諸神神像隨之。神像安座完畢，乩童參拜玉皇大帝後拜諸神，繼而「爐主」及各村「鄉老」參拜，至此，「迎王」活動告一段落。除參加繞境諸神留在北極殿鑑醮外，各村公廟之「鄉老」及樂班、旗班員、轎班員等工作人員與信徒，均返回各村。

3 「送王」

(1)建醮

「送王」之前應先建醮，北極殿建醮詳情已在第三輯第一單元〈建醮〉中的公醮部份述及，茲不贅。

(2)祀酒

「王爺」起駕之前，例舉行「祀酒」，宴請「王爺」，自古已然。北極殿於十一月一日（農曆九月二十二日）下午九時起舉行「祀酒」，由吳膽石、許荀完、吳和男擔任禮生。由各甲選派未婚青年二十六人擔任茶房生。該殿所舉行之「祀酒」節目，與一般廟宇所行者稍有不同。禮生、

「爐主」、「鄉老」跪拜後，打鑼三聲、鼓三響，放鞭炮，恭請「三府千歲」暨諸位神明下殿入座，移「玉旨」、「令」、「印」於餐桌上，象徵「三府千歲」等諸神已下殿入座。繼而禮生唱：「『三府千歲』有令，排班噢！」茶房生遵令持棍排班侍候於殿前，「爐主」捧持「玉旨」、「令」、「印」到廟外走一圈再進廟，表示「三府千歲」已查夜完畢。然後關上廟門，休息三分鐘。

「爐主」再請「三府千歲」下殿入座，嗣開廟門，懸掛參謁牌。「爐主」及各村「鄉老」上香參拜後禮生吳膽石讀祝文及「三府千歲」曉諭，並進行下列儀式：

(1)「爐主」、「鄉老」三跪九叩首。

(2)禮生吳膽石以朱筆查點「王船」艙內所載物品賬簿。

(3)依序進行左列節目，禮生唱：

①「千歲有令，放簽押牌。」

②「千歲有令，收簽押牌。」

③「千歲有令，放用印牌。」（禮生用印）

④「千歲有令，收用印牌。」

●紅羅村北極殿舉行「祀酒」儀式，茶房生持棍排班侍候。

⑤「千歲有令，放放告牌。」

⑥「千歲有令，收放告牌。」

⑦報馬進殿表演查夜。（先表演照顧、飼養及騎坐馬匹之動作，然後到廟外查夜，再回廟內。）

⑧「千歲有令，賜平安牌。」

⑨「千歲有令，收平安牌。」燒祀文及「王爺」曉諭後稟「三府千歲」退堂。

休息片刻後開始「祀酒」，請諸神下殿入座，執事人員一人手捧玄天上帝神像立於餐桌前請諸神入座，另一人逐一唸與宴神名，揖禮三次後諸神按唱名先後依次入座，「祀酒」之排場如圖三：

圖三

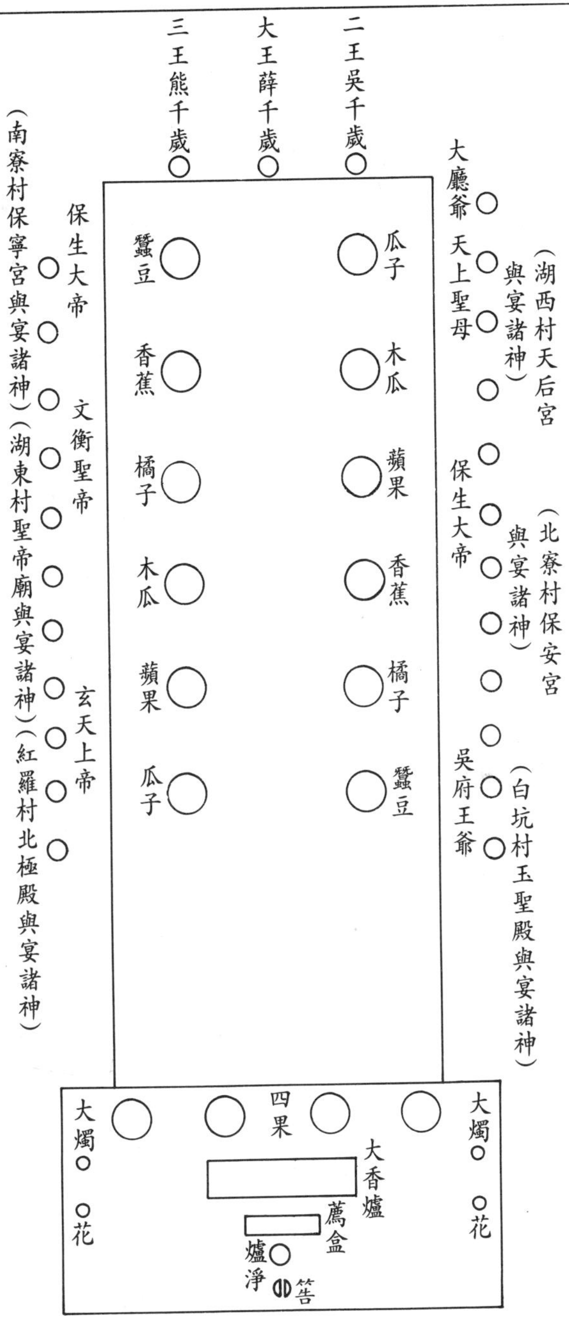

附註：每一神像座位桌上均放置一磁盤、叉子、湯匙各一枝、筷子一付。

神明入座完畢，「爐主」參拜，進手帕、進茶、進煙後，退茶杯。然後進菜如次：

(1)進太平大燕。(大三通)

進酒三次。

(2)進六味蝦棗：

進酒一次。(每進一道菜進酒一次，以下從略)

(3)進三絲膾蓮(中碗)。

(4)進三絲瑤珠。

(5)進水點：什錦湯。

(6)進紅燒明蹄。(大三通)

(7)進百歲團圓。

(8)進四珍刺參。

(9)進清湯腰花。

(10)進大點：雞蛋糕、杏仁茶。(送「大廳爺」回進煙「王船」，並由舵公舉行「封艙」。)

(11)進錦雞朝鳳。(大三通)

(12)進香油大蝦。

(13)進清燉明筋。

(14)進蘑菇清蝦。

(15)進小點：日月酥點、咖啡。

進煙。

(16)進鮑魚肚片。(大三通)

(17)進鯉魚遊江。

(18)進干貝鳥蛋。

(19)進清湯肝龍。

(20)進四色甜湯。

進煙。

(21)進香皮。(大三通)

(22)進燒烤餅。

(23)進八寶湯、高粱酒。

(24)進白玉肉。(大三通)

(25)進和合大點。

進煙。

進五福俱全。「爐主」、「鄉老」跪拜。

禮生唸疏文後交「爐主」拜，再接回，置於神案上。

發賞有關人員。

「祀酒」中進大碗菜時奏「大三通」，進盤菜、中碗菜、點心時奏「小八達」(按：神樂之一，所奏之樂器較「大三通」少)。每進一菜，均向「三府千歲」暨諸位神聖稟報菜名。菜均由禮

●祀酒進菜前，報馬表演查夜。

生持交「爐主」拜後再持至餐桌，非由茶房生持菜，茶房生僅進煙、茶、酒等，與其他廟宇所行者不同。

廟方另備四菜供奉北極殿未與宴諸神（北極殿僅主神玄天上帝、副神文衡聖帝及哪吒太子與宴）享用。又「王船」之前，亦供奉四菜、招待「廠官爺」及船上神差。是日並爲「王船」送菜「添載」。

進菜完畢，「爐主」、「鄉老」參拜、燒疏文，放鞭炮，禮生及茶房生參拜後，恭請神明升殿而禮成。北極殿之「祀酒」自十一月二日下午九時開始，至翌（三）日上午三時始結束，全程歷時六個鐘頭。由於時間過久，參加者筋疲力盡，部分茶房生昏昏欲睡，失去嚴肅氣氛，似有改進之必要。

六村合資於北極殿前演歌仔戲酬神，酬金一天三萬元，若加演三國演義一段，應加給三千元，共演九日。此外，部分地方青年捐款請康樂隊在廟前表演歌唱節目，足見年輕人對於傳統演戲酬神方式似缺濃厚的興趣。

(3)化吉

十一月二日（農曆九月二十三日）舉行「王爺」及「王船」之化吉。是日上午七時二十分，乩童「上壇」，隨即參拜玉皇大帝及廟內諸神，八時十分，「爐主」、「鄉老」參香跪拜，乩童「勅符令」後，「小法」開鞭對舞，「召五營」，鳴三响炮之後，法師長開鞭「放營」，然後「三府千歲」及諸神出廟，乘坐神轎，走向化吉地點。「三府千歲」神轎在前，六村公廟送行諸神神轎繼之，北極殿主神玄天上帝神轎殿後，「爐主」、「鄉老」及各村信徒在神轎行列之後「隨香」。參加化吉儀式人員約有一千二百人。

「三府千歲」離開「行台」北極殿前，已在廟內張貼告示一紙如次：

告　示

玉旨欽命代天巡狩監察幽冥統轄陰陽賜進士出
吳
身都統制勅封威靈王薛府爲曉諭事，照得
熊
本千歲　恭　承
玉旨巡察幽冥，褒貶淑慝，報應早已無私；彰癉薰蕕，監觀亦經不爽。洎自本年梅月，駕駐本港，承本澳諸神人竭誠啓請，受聘蒞臨

●王爺離開紅羅村北極殿之前，法師開鞭放營。

本殿，勅爲行台，鑒納香火，近於半載，保護澳內，無大禍患。蒞茲期滿，既受醮禮以降康，合涓吉而反棹，茲經出巡完畢，今夜開印蒞事，辛酉日

天堂覆旨，爲此示仰闔屬官軍舡水兵役一切知悉：你等各守其職，務宜在船靜候，毋許擅離遠遊，致悞行時，即使澳內立時清潔，庇佑男婦老幼，俱各平安，物阜財豐，庶顯福報，以昭靈應；倘敢不遵，擅離遠遊，滋擾地方，立即從重處分，決不寬宥。

尚其凜遵。

右諭通知

天運歲次戊辰年菊月二十二日給　　發貼行台前曉諭

「王船」仍依例提前三十分鐘達到化吉地點（土名「倒流頭」之西港後海邊），船旁堆滿了許多裝滿金紙的紙箱、塑膠袋，部分女信徒在「王船」前誦經。恭送「王爺」起駕隊伍抵達化吉地後，「三府千歲」之神轎在該地「發輦」片刻，俟神轎均停妥後，分發便當與工作人員及信徒。是日便當係由紅羅村供應，計發一千二百份，每份五十元，共支六萬元。

「三府千歲」暨諸神在海邊臨時駐紮之處，設備至爲簡單，並無如他村搭建塑膠棚，安置神像。僅爲防強烈北風吹襲，在祭場北邊豎立木板墻擋風及放供桌數張而已，左邊兩張桌拼排在一起，後桌桌上排滿了鮮花花瓶，前桌自後向前，依次排薦盒、鮮花、四果、酒、五牲及「龜粿」。右邊亦兩張供桌拼排在一起，後桌正面及兩旁各放一張上鋪紅綢之大竹椅，正面椅子之上安放大王薛千歲；左邊椅子之上安放二王吳千歲；右邊椅子之上安放三王熊千歲的神像，每尊神像座位桌上均放茶杯、盤子、湯匙及筷子，其旁各置「千歲印」一顆。桌上自後向前供大碗菜四碗、盤菜四盤、中碗菜四碗及放鮮花、香爐、薦盒、三果、淨爐。送行諸神神像由執事人員捧持分列於神案前左右兩側，「爐主」、六村「鄉老」及執事人員恭列於神案前，其排場如圖四：

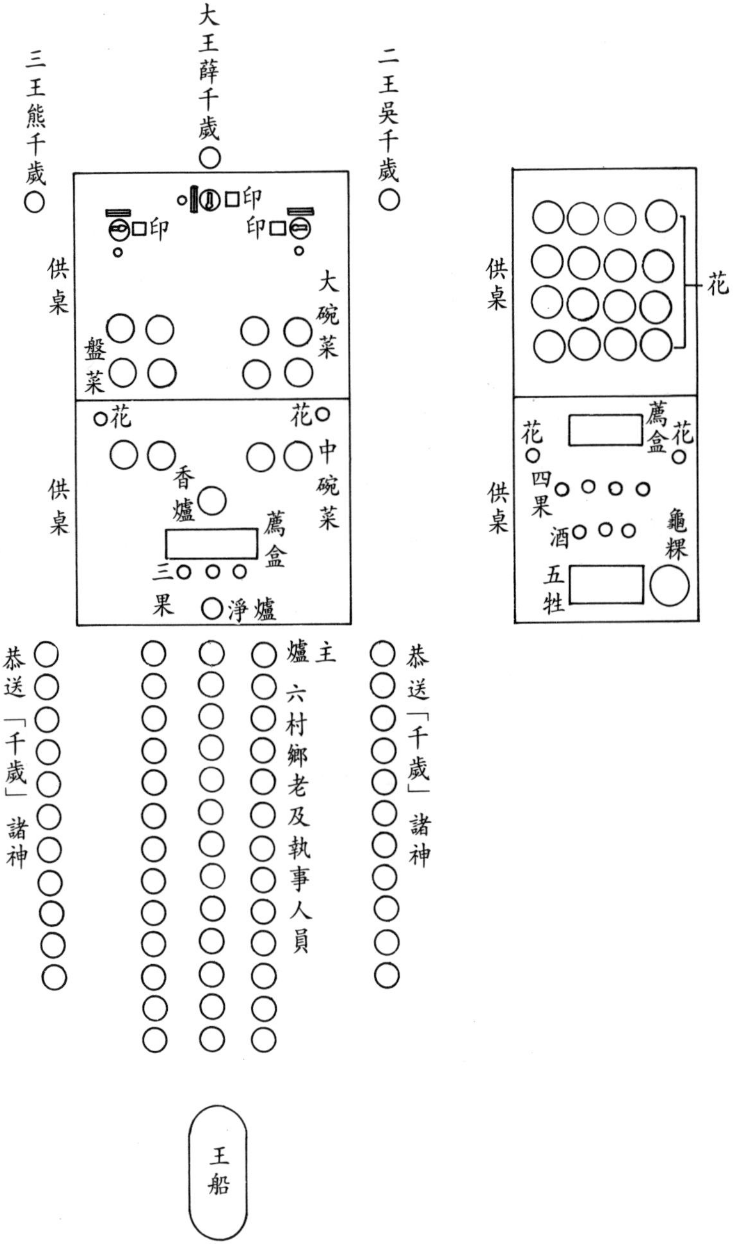

附註：每一尊「千歲」神像座位桌上均放置茶杯、盤子、湯匙及筷子

化吉儀式開始，先由法師長「祭大江」，其意義據云乃藉此使「千歲爺」上船出航一帆風順。在「小法」咒語及法鼓聲中，法師長在左邊供桌前作法，然後將一枝竹符釘於地上。竹節上之符令如左：

繼由「爐主」、「鄉老」參拜「三府千歲」後，由禮生在神前唸祝文及「王爺」曉諭。然後道士，誦經讀疏文。

化吉之前先由「爐主」餞別，然後依白坑、南寮、北寮、湖東、湖西、紅羅六村順序，由各該村「鄉老」餞別。餞別時，禮生唸如左之辭別詞：

一杯美酒恭餞薛府大千歲啓程東西瀛州保安寧；

二杯美酒恭餞吳府二千歲啓程南通北達顯威靈；

三杯美酒恭餞熊府三千歲啓程五湖四海放光明。

進糕恭祝薛府大千歲一品高陞；

進糕恭祝吳府二千歲一品高陞；

進糕恭祝熊府三千歲一品高陞。

禮生並於「三府千歲」神像前作敬酒，敬糕之動作，然後唱：

稟『三府千歲』餞別完畢。

恭請薛、吳、熊府千歲上船。

三位「爐主」分別捧持大、二、三千歲神像步行至「王船」之旁，然後由「船伕」安置於船上「王爺廳」，此時，送行之各廟神像由執事人員捧持，半跪於船前兩側，恭送「三府千歲」上船，乩童及禮生等亦在船前送行。紙糊之「王爺」侍從、兵卒、水手、轎伕等亦安置於「王船」上，並由執事人員一齊參拜，曾抬「三府千歲」神轎之轎班員，以糖果、餅乾等乾糧供奉紙糊轎伕。「王船」上有白雞一隻仰頭雄視觀衆。

繼由法師長在「王船」之前，面向船頭，退三步後開鞭三下，口唸：「一打天門開，二打地戶裂，三打吾今奉請大王薛千歲、二王吳千歲、三王熊千歲啓程，三江四海，九州萬國，回天繳旨，高陞三級。」嗣由「大爐主」在「王船」周圍行走一圈，並撒酒。

「王船」行將焚化時，「報馬」持令旗高喊：

●王爺起駕之前，法師長主持祭大江法術。

●燃燒中之北極殿三府千歲王船。

「下跪！」信徒紛紛跪拜於地，恭送「三府千歲」離境。曾抬「三府千歲」神轎之轎班員紛紛脫去所穿之馬甲，連同由口袋取出之「紙人像」(即「替身」) 一併放置於「王船」之旁，俾與「王船」一齊焚化，含有辭謝「王爺」之意。上午十一時「王船」著火，船上之白雞遂即跳離「王船」他去，「王船」大約燒了二個鐘頭，俟燒成一堆灰燼後，「送王」隊伍，依例偃旗息鼓，各自默默離開。各村均無請雕塑離境「王爺」之木製神像留廟膜拜的習俗。

(4)結帳

舊奎壁澳六村合辦之「祭王」經費，依慣例除(1)「請王」用之祭品、供品、鼓吹、紅包。(2)雕塑「王爺」及「大廳爺」、「廠官爺」神像及侍從、兵卒、水手、轎伕費用與「開光點眼」等酬金、祭品、供品、紅包。(3)建造及裝飾「王船」費用、祭品、供品與「出廠」「慶船醮」費用、紅包。(4)繞境時用於「王爺」本身之祭品、供品、「報馬」費用、鑼鼓隊酬金、車資。(5)「建醮」之道士酬金、祭品、供品、紅包。(6)「祀酒」之祭品、供品、賞品。(7)化吉之整地費、祭品、供品、樂班酬金、紅包。(8)戲金及賞品。等費用由六村共同負擔外，各村爲「迎王」所花之費用，概由各該村自行負擔。

有關六村共同負擔經費之分攤，承原任湖西鄉長許石柳先生惠告如下：原由各村按人口數之多寡分攤，十五年前召開會議決議改爲費用之百分之六十由六村平均負擔，百分之四十依各村人口之多寡分攤。

以往「祭王」，六村共同負擔之經費，據許金壽先生（住湖西鄉湖東村五〇號）說：聞民國六十五年南寮村主辦時用去二十四萬元，六十

八年北寮村主辦時用去四十多萬元，七十一年湖東村主辦時用去六十二萬元，七十四年湖西村主辦時用去六十八萬多元。

澎湖一般村里「祭王」經費之結帳，大多依古例於「王船」焚化後三日內辦竣。此次紅羅村主辦「祭王」活動，其經費由參與活動之各村每村先墊六萬元，餘由「爐主」先行墊付，俟「祭王」活動結束（即「王船」焚化）後，由「爐主」會同六村「頭家」「鄉老」在紅羅村北極殿清結完畢，並公告於廟內公告欄，與行文參加「祭王」活動之各公廟，俾對神人有所交代。

應由六村共同負擔經費，總開支計八十二萬二千五百五十八元，其百分之六十爲四十九萬三千五百三十四元八角，由各村平均分攤（每村負擔八萬二千二百五十五元八角）。百分之四十爲三十二萬九千零二十三元二角，由各村人口（六村人口計七千三百五十六口）平均分攤（平均每人負擔四十四元七角二分）。兩項收入計八十二萬二千四百九十三元，收支相抵不足額六十五元，由紅羅村支付。

附錄

惡地孕出好風土

——《澎湖的民間信仰》後記

筆者故鄉澎湖是漢人開拓台灣的第一站，由於地居本島的外海，光復前交通不便，因此較台灣本島保存了更完整的漢人習俗和生活方式，是研究中國傳統民間信仰最適當的地方。

筆者生於斯，長於斯，至民國五十九年十一月始奉調台灣本島工作。六十八年十一月調任台灣省文獻委員會委員後，經常返鄉採集澎湖的民俗，並陸續發表於《台灣文獻》。本書乃就其「民間信仰」部分彙整而成。衷心感謝劉總編輯還月先生二年來的督催與鼎力促成。

澎湖惡劣的自然環境，實使居民難以爲生。但堅強的民間信仰，令澎湖人產生勇氣，與大自然搏鬥，在此建設了美麗的家園。到過澎湖的人都會一方面驚訝澎湖寺廟之多，居民懼怕鬼神，而有許多類似迷信的信仰活動。另一方面也會驚異澎湖人不怕艱困，冒險犯難的大無畏奮鬥精神，表面上看起來，兩者似有矛盾之處，但仔細考察，就會發現澎湖人就是藉著民間信仰的一些活動來增加本身與惡劣的自然環境搏鬥的勇氣，使人們由畏怖精靈鬼怪作祟的心態，提升至與其奮鬥抗衡的境界。這樣他們相信神明會保佑他們，因而不怕艱難危險，積極從事生產，無論冒著大風浪出海打魚，或遠赴他鄉從事辛苦的工作，都不以苦，然後將其所得建設家園，奉侍父母，扶養妻兒，使這塊不毛之地，成爲台灣海峽中的海上樂園。

回憶筆者返鄉採集民俗資料時，先父以將近八十高齡，不辭辛勞率同筆者，在山陬海角，作田野調查，解說由來，並不時勉勵筆者應及時整理成文。今家父已去世四年，當本書出版之際，不勝懷念其慈愛與教誨。

摯友台灣省文獻委員會鄭委員喜夫先生，多年來鼎力支持，不時提供許多寶貴意見，惠予指示，又澎湖衆多鄉友賜予諸多協助，提供珍貴資料，謹此敬致謝忱。

此外，多年來返鄉採集資料，均承妹婿洪光英先生安排交通工具並親任嚮導，舍妹素春照顧生活起居，而能順利完成採集工作，均在此申謝。

主要參考書目

胡建偉。澎湖紀略。台北：台灣銀行經濟研究室，民國五十年七月。

林豪。澎湖廳志。台北：台灣銀行經濟研究室，民國五十二年六月。

李紹章。澎湖縣誌上册。澎湖：澎湖縣政府，民國四十九年四月。

莊東。澎湖縣誌卷十三文化志。澎湖：澎湖縣文獻委員會，民國六十七年七月。

蔡平立。澎湖通史。台北：衆文圖書股份有限公司，民國六十八年七月。

黃士強。新發現的澎湖新石器時代遺址。台北：藝術家第九卷第四期，民國六十八年九月。

台灣省政府民政廳。台灣省各縣市寺廟名册。台中：編者印行，民國七十六年十一月。

澎湖一新社樂善堂。澎湖一新社聖眞寶殿沿革及奉祀主神關、許二恩主生前事蹟寶錄。澎湖：編者印行，民國六十八年農曆元月。

澎湖一新社樂善堂。覺悟選新。澎湖：編者印行，民國六十七年歲次戊午年農曆元月再版。

澎湖三官殿自新社三善堂。三善寶律。澎湖：編者印行，民國五十九年農曆十月。

林永根。鸞門暨台灣聖堂著作之善書經懺考。台中：聖賢雜誌社，民國七十一年十一月。

伊能嘉矩。台灣文化志。東京：刀江書院，民國十七年九月。

屈萬里。石敢當碑和指路碑。台灣風物第五

卷第一期。台北：台灣風物雜誌社，民國四十四年一月。

劉枝萬。台灣民間信仰論集。台北：聯經出版事業公司，民國七十二年。

錦繡台灣編纂委員會。錦繡台灣13澎湖。台北：地球出版社有限公司，民國六十八年。

黃有興。澎湖民間信仰初探。台灣文獻第三十八卷第二期。台中：台灣省文獻委員會，民國七十六年六月。

黃有興。澎湖的法師與乩童。台灣文獻第三十八卷第三期。台中：台灣省文獻委員會，民國七十六年九月。

黃有興。記澎湖風櫃溫王殿迎送「五府千歲」活動。台灣文獻第三十九卷第三期。台中：台灣省文獻委員會，民國七十七年九月。

黃有興。記澎湖舊奎壁澳六村之「祭王」活動。台灣文獻第四十一卷第二期。台中：台灣省文獻委員會，民國七十九年六月。

國立中央圖書館出版品預行編目資料

澎湖的民間信仰／黃有興著.--第一版.--臺北市：臺原出版發行：吳氏總經銷.民81.

面；　公分.--(協和臺灣叢刊：29)

參考書目；面

ISBN 957-9261-29-6 (平裝)

1.民間信仰—澎湖縣

673.29／141.4　　81002941

●協和台灣叢刊29●

澎湖的民間信仰

著者／黃有興

校　對／黃有興・于惠娟
發 行 人／林經甫（勃仲）
總 編 輯／劉還月
執行主編／吳瑞琴
編　輯／林依錦
美術編輯／林瑞雲
出版發行／協和藝術文化基金會
　　　　　臺原出版社
地　址／台北市松江路85巷5號（協和醫院地下室）
電　話／（02）5072222
郵政劃撥／1264701～8
出版登記／局版台業字第四三五六號
法律顧問／許森貴律師
地　址／台北市長安西路246號4樓
印　刷／廣浩彩色印刷股份有限公司
電　話／（02）2235117・2239404
總 經 銷／吳氏圖書公司
地　址／台北市和平西路一段150號3樓之1
電　話／（02）3034150
定　價／新台幣二三〇元
第一版第一刷／一九九二年（民八一）八月

ISBN 957-9261-29-6